JOSEPH SÉPET

Cum superiorum permissu.

P. J. ADAM, S. J.

JOSEPH SÉPET

AVOCAT A LA COUR D'APPEL D'AIX

PRÉSIDENT DE LA CONFÉRENCE SAINT-LOUIS DE GONZAGUE

1874-1898

PARIS
VICTOR RETAUX, LIBRAIRE-ÉDITEUR
82, RUE BONAPARTE, 82

1900

A Madame SÉPET

En son inconsolable douleur, je dédie ces pages, comme un hommage suprême rendu au fils bien-aimé, — si riche de promesses et d'espérances, — que Dieu, dans ses impénétrables desseins et son infinie miséricorde, a appelé à une vie meilleure.

J. A.

PRÉFACE

Aux jeunes gens.

Cette biographie n'était point d'abord destinée à la publicité. Adoucir la douleur d'une mère, faire revivre pour les membres de la conférence Saint-Louis-de-Gonzague d'Aix les traits du meilleur des camarades, telle avait été l'idée inspiratrice des pages parues sous ce titre : « Joseph Sépet ». Il se trouve qu'elles ont franchi le petit cercle d'amis, auxquels elles étaient dédiées. On a cru qu'elles pourraient faire du bien à quelques autres, et que nous ne sommes pas trop riches en énergies fécondes, pour en dérober, ne fût-ce qu'une parcelle, aux générations qui montent.

Aux expéditions lointaines, quand un soldat d'élite tombe soudainement frappé, dans le feu de l'action, on le salue du drapeau, on marque d'une croix le coin de terre où repose un brave, et l'on passe. Mais après le combat, entre deux étapes, quelque frère d'armes retrace en un récit, — haché parfois comme s'il était écrit de la pointe d'une épée, — ce qu'il y eut d'endurance et de ressource dans le soldat moissonné trop tôt. Ce récit fera battre des cœurs et suscitera d'autres vaillances.

Joseph Sépet est tombé en marche, dans cette expédition, — lointaine en bien des sens, — que la jeunesse catholique tente pour reconquérir le peuple au Christ. Jeunes gens de France, mes amis, je vous apporte l'exemple de son courage et de sa force. Je fus son frère d'armes, et même quelque chose de plus encore.

Celui dont on vous offre la vie était comme l'un d'entre vous. Il n'eut pas, devant lui, des horizons plus vastes que la plupart de ceux qui étudient, pour s'ouvrir une carrière. Il dut souvent remplir d'obscurs devoirs, soutenir ces luttes banales et fastidieuses, qui forment la trame de toute existence moyenne. Aucun prestige, ni de naissance, ni de fortune, ni d'extraordinaire talent ne s'attache à sa jeunesse.

Pourquoi donc cette physionomie rayonne-t-elle, par delà le tombeau ? Pourquoi cet étudiant de vingt-trois ans n'est-il pas mort tout entier : comme tant d'autres, que couche chaque jour l'impitoyable faucheuse?

Joseph Sépet fut quelqu'un. Il y a de lui quelque chose qui survit. Du sillon qu'il avait commencé à creuser, jaillit une moisson, qu'envierait plus d'un vieux laboureur. Il fut un caractère, une vigueur morale. Il promettait un homme, il fut un chrétien.

A une époque où tant d'autres se blasent, il sut se faire un idéal. « Un jeune homme », disait-il un jour, avec sa franche conviction, « peut avoir son idéal. C'est son droit. Cet idéal, il doit le contempler sans cesse. Car, de même que pour un myope, c'est une cure efficace de plonger son regard, pendant de longues heures, dans le bleu infini du ciel, de même nous fixons sans cesse notre idéal, pour corriger les petits et les gros défauts inhérents à notre humaine nature. Notre vie, à la longue, s'imprègne de notre idéal, et plus l'on dit souvent : Haut les cœurs ! plus les cœurs montent..... »

En un temps où si peu agissent, Joseph Sépet a agi, il s'est dépensé, il a exercé une influence. Par lui, d'autres jeunes gens sont devenus meilleurs, se sont dévoués à l'action.

Par-dessus toute chose, — et là est le

dernier mot de son apostolat fécond, — il s'est gardé du mal, en un temps où si peu, parmi les jeunes, restent purs. La mort foudroyante ne l'a pas surpris. Il avait communié le matin.

« Dans cette tombe prématurément ouverte », a dit aux funérailles, les yeux mouillés de larmes, Me Drujon, « nous voyons s'ensevelir une de nos plus chères et de nos plus légitimes espérances. » Et l'ancien bâtonnier du barreau d'Aix propose en exemple, aux camarades de Sépet, « la douceur de sa charité, la fermeté de sa foi, la dignité, la pureté de sa vie ».

« Je n'avais pas, autant que je l'aurais

souhaité, approché et connu le vaillant enfant que Dieu vous a repris pour un monde meilleur », écrit de son côté, à la mère de Joseph, M. Blondel, le si distingué professeur à la Faculté des Lettres d'Aix. — « Mais il suffisait de l'avoir rencontré une fois, d'avoir entendu son accent viril, d'avoir sondé son limpide et chaud regard, pour sentir ce qu'il y avait en lui de droiture, de pénétration, de générosité, de force, de bonté. Quel soldat ! Quel chef il eût été, dans l'armée, toujours si petite, du bien ! Comment comprendre que, préparé comme il l'était, et dans ce temps de disette, il n'ait pas été appelé à donner toute la mesure de son intelligence et de son cœur catholiques ? Mais les jugements de Dieu ne sont pas les jugements des hommes : il faut des sacrifices et venant des meilleurs ; car le sacrifice et la mort sont infiniment plus féconds que la vie et que l'action. C'est un signe d'élection que d'être convié, que d'être associé plus étroitement au rôle du Rédempteur, au témoignage du sang. »

« Je n'ai pas le courage de vous donner les détails du triste événement qui nous met l'âme en deuil », écrivait à l'auteur de cette notice, au lendemain du drame de Bandol, le plus intime ami de Joseph. — « Je suis allé hier, à Aix, conduire les obsèques de mon meilleur ami. Devant son cercueil, j'ai pris l'engagement de rester digne de lui, et d'accepter sans murmurer la volonté du bon Dieu. Mais cela n'empêche pas le coup d'être bien dur. Vous l'avez connu comme moi, et vous savez combien étaient grands ses labeurs et ses mérites... »

Labeurs et *mérites*, toute cette vie de vingt-trois ans tient entre ces deux mots. C'est pourquoi le spectacle en est réconfortant et le souvenir salutaire. — Joseph Sépet n'a rien fait d'extraordinaire. Il a rempli courageusement son devoir de tous les jours. Ce fut assez pour le sanctifier, lui donner une très grande influence, développer à un haut degré ses dons naturels.

Jeunes gens, qui attendez peut-être, pour vous distinguer, des coups d'éclat, des situations exceptionnelles, consumant sans fruit, dans cette vaine et stérile attente, les jours de votre jeunesse : lisez ces pages. Elles vous révéleront le « sens de la vie ». S'améliorer chaque jour, tendre vers le bien par un effort patient et continu, profiter des moindres occasions de se dévouer : tel fut le programme suivi par Joseph Sépet. Je vous livre ce secret, pour faire un jour de grandes choses, et jouir, en vos cœurs, de la paix promise aux hommes de bonne volonté.

J. A., S. J.

École libre Notre-Dame de Mont-Roland (Dole du Jura), le 8 décembre 1899.

LETTRE

DE

M. MARIUS SÉPET

Mon Révérend Père,

Vous savez combien, tout intérêt de famille à part, j'ai goûté votre remarquable notice sur notre regretté Joseph. Aussi n'ai-je pas été surpris que l'on ait réclamé de vous une édition nouvelle, à l'usage d'un public plus étendu. Ce succès dû, en grande partie, au talent du peintre, qui a, dans un portrait plus vivant encore que le dessin qui l'accompagne, si bien mis en relief les qualités du sujet, est un grand honneur dont notre famille vous est redevable. Je suis heureux de l'occasion qui s'offre à moi de vous en remercier publiquement.

Le lien de parenté qui m'unissait à Joseph, quoique prochain encore, n'était pas tel cependant que je ne puisse apprécier son mérite et la perte que nous avons faite, avec une sorte d'impartialité. Ce rare jeune homme a été dans ma vie une apparition saisissante et fugitive. Par tradition de mon grand-père et de mon père, je connaissais, mais assez vaguement, l'existence d'une branche au moins de notre famille demeurée et sans doute perpétuée en Provence, où je savais que mon bisaïeul avait exercé la médecine, et après lui le frère aîné de mon grand-père. Ma rêverie s'était quelquefois promenée sur les cousins hypothétiques que je me soupçonnais là-bas.

Cette hypothèse fut soudainement et très agréablement transformée en certitude par une lettre à la fois timide et fière, modeste et charmante, datée d'Aix-en-Provence, le 20 janvier 1893, et signée du nom de Joseph Sépet. L'aimable appel du jeune étudiant, qui venait de terminer ses études classiques et d'aborder l'étude du droit, était accompagné d'une recommandation de votre très distingué confrère, le R. P. Pierre Pralon, fondateur à Aix de l'Académie Saint-Louis-de-Gonzague, dont mon jeune cousin était dès lors l'un des membres les plus zélés. Je m'empressai d'y répondre. La parenté fut vite constatée, et dès lors s'établirent entre Joseph et moi des relations, qui ont été l'une des joies et qui demeurent l'un des meilleurs souvenirs de ma vie.

Ces relations ont été surtout épistolaires. La distance qui nous séparait et nos occupations respectives ne nous ont permis que deux entrevues. En 1894, aux environs de Pâques, j'ai passé quelques jours à Aix avec lui et sa respectable mère. J'ai fait mention de ce séjour et du milieu où Joseph commençait à déployer ses belles qualités, dans mon volume intitulé : *En Congé,* en des pages que je ne puis plus relire sans douleur. J'en rapportai de mon jeune cousin une haute estime et de grandes espérances. En 1897, grâce à vous, si je ne me trompe, à l'occasion du Congrès de la jeunesse catholique, tenu à Paris cette année-là, j'ai eu la joie de posséder quelques jours Joseph sous mon modeste toit de Clamart. Mes espérances, de jour en jour accrues, s'étaient confirmées. Le jeune homme était devenu un homme, et cet homme promettait non plus un soldat seulement, mais un chef à l'armée du bien.

Au mois d'août 1898, à Fribourg-en-Brisgau, comme je m'étonnais un peu du silence de Joseph, qui, avant mon départ, m'avait demandé mon adresse de vacances pour m'y écrire, je reçus un jour une feuille d'Aix, la *Provence nouvelle*. Je l'ouvris, pensant y trouver quelque article de notre jeune avocat. J'y trouvai le récit de ses funérailles.

L'apparition, soudainement entrée dans ma vie cinq années auparavant, venait soudainement d'en sortir. Elle s'en était allée au ciel, où l'on se revoit sans fin.

J'ai beaucoup aimé Joseph, d'une affection presque paternelle, et je sais qu'il avait pour moi un sérieux et vif attachement. Mais l'époque relativement tardive de notre entrée en relations ; la distance d'âge et d'espace qui nous séparait ; enfin, dans la communauté de nos croyances et de nos sentiments, avec des traits de famille assez marqués, des différences assez notables de nature, d'éducation et de vocation ; tout cela ne permettait guère, de lui à moi, ce plein épanchement d'âme qui fait le charme et la valeur de sa correspondance, si bien mise en œuvre dans votre notice, avec ses amis intimes ou avec les maîtres de son enfance, demeurés les guides de sa jeunesse. Ne pouvant supposer que je dusse lui survivre, je n'avais pas conservé ses lettres. Elles n'auraient, je crois, fourni que bien peu de chose à son portrait.

Les maîtres de son enfance et les guides de sa jeunesse ! Combien son attachement pour eux était tendre, sincère et fort! Il était fondé sur l'expérience. Orphelin de très bonne heure, vos pères du collège Saint-Joseph d'Avignon et de la résidence d'Aix-en-Provence avaient été vraiment ses pères. Aussi son dévouement à votre Compagnie était-il, on peut le dire, indéfectible. Je me plaisais à l'en applaudir. Car, moi aussi, bien que je n'aie pas eu l'avantage d'être son élève, j'aime votre sainte et illustre Société. Je suis heureux de lui rendre ce témoignage fondé sur l'histoire, qu'elle n'est pas seulement une institution catholique, partie intégrante de notre liberté de conscience, mais aussi, par la place qu'elle occupe, depuis trois siècles et plus, dans notre enseignement et dans nos missions, une institution vraiment nationale, un des plus actifs et plus efficaces instruments dans le monde de la grandeur et de l'influence françaises.

C'est donc avec raison que Joseph était fier de vous ; je crois que vous avez raison d'être fiers de lui. Pour vous personnellement, mon Révérend Père, vous l'avez autant que moi aimé et vous l'avez mieux connu. Aussi votre notice, en confirmant ce que j'en savais, m'a-t-elle révélé de nouvelles et singulières beautés dans cette âme d'élite. Votre vaillant et gracieux pinceau a fixé en traits ineffaçables pour tous ceux qui l'ont connu et, je l'espère, pour beaucoup d'autres encore, à leur grand profit, l'image consolante et fortifiante de notre Joseph, sous ses aspects successifs d'*enfant*, d'*étudiant*, de *chrétien*, de *soldat* et de *jeune homme d'œuvres*, toujours fidèle à la foi, au devoir et à l'honneur.

Votre écrit vivant et salutaire aura certainement de nombreux lecteurs. Je souhaite qu'il se répande, non seulement parmi la jeunesse chrétienne, mais aussi parmi celle qui n'a pas le bonheur de l'être et celle surtout qui se sentirait tentée de ne l'être plus. C'est bien certes un exemple à proposer à toute la jeunesse française que cet étudiant qui, ayant scrupuleusement écarté de lui non seulement tout plaisir mauvais, mais toute distraction périlleuse, n'en écrivait pas moins d'une main ferme : « Je ne m'ennuie jamais. »

Il avait pour s'occuper Dieu, l'Église, la patrie, l'étude, et cela lui suffisait. C'est pourquoi, mort à vingt-quatre ans, il est l'honneur de sa famille et a mérité que, même ici-bas, son existence se prolonge encore après son départ pour les joies de l'éternité.

Veuillez agréer, mon Révérend Père, avec l'expression de ma gratitude, celle de ma respectueuse et cordiale sympathie.

MARIUS SÉPET.

Clamart, le 15 janvier 1900.

JOSEPH SÉPET

I

L'ENFANT

Les Sépet sont de Provence, le pays du mistral, du gai savoir, des collinettes que le soleil embaume de thym et de lavande. Joseph Sépet, dont nous retraçons la vie, aura toutes les qualités de la race : un clair bon sens, de la verve, une pointe d'humour et de poésie, et même cette voix chaude et caressante qui convient si bien à la langue harmonieuse de Roumanille et de Mistral. Il vit le jour dans cette « île sonnante » célébrée par Rabelais, aux bords du Rhône qui

1.

dévale en chantant, en ce lumineux mois de septembre qui a toutes les grâces de l'automne, avec je ne sais quel charme de printemps attardé, dans cette plaine de la Durance, où est assise, ceinte de ses remparts, la cité avignonnaise.

Marius Sepet, l'historien bien connu, écrivait en 1893 à son jeune cousin, l'étudiant Joseph, une lettre charmante et érudite sur l'orthographe et la prononciation du nom de famille : *Cepet*, *Sepet* ou *Sépet*. « Pour notre nom, nous pourrions bien avoir raison tous les deux : moi, pour l'orthographe ; vous, pour la prononciation... » Il terminait, d'un ton plaisant : « J'avais déjà entendu parler de notre cap. Mon grand'père racontait à ce sujet une histoire des plus invraisemblables, dont pour aujourd'hui je me bornerai à vous dire qu'il la faisait remonter au temps de Louis XIV. L'histoire de votre père serait beaucoup plus probable. » D'après cette dernière version, un Sépet, médecin de la marine, se serait distingué par son dévouement dans une tempête, près la pointe Saint-Mandrier (1). Depuis lors, celle-ci aurait pris le nom de « Cap Sépet ». Un jour, Joseph, jeune bachelier, ira en mémoire de ce fait accomplir en compagnie de sa mère un pèlerinage au cap de famille, et visiter en détail la batterie et le sémaphore qui y sont installés: agréable prétexte à une excursion de vacances.

Joseph naquit à Avignon, le 7 septembre 1874, au joyeux carillon des premières vêpres de la Nativité de Notre-Dame. Mais il passa sa première petite enfance au Thor, non loin de la Fontaine de Vaucluse, confié à de braves campagnards qui avaient des idées fort curieuses sur la manière d'élever les enfants, bien qu'ils prétendissent au prix de la « protection de l'enfance ». Dès que Joseph eut deux ans, ils prirent l'habitude de le

(1) Même il aurait fait vœu d'aller à N. D. de la Garde à pied, son fils âgé de quatre ans sur les bras.

mener chaque soir au café. Là, on lui faisait gagner sa tasse ou quelque autre liqueur, à crier de toutes ses forces les bras en l'air, monté sur la table : « Vive Gambetta ! Vive la République démocratique et sociale ! » Les nourriciers étaient très fiers de cet exploit, et tous, dans cette « honorable » assemblée, d'applaudir et de faire crier à l'enfant : « *à bas li capelan*, à bas les curés ! » Alors gorgé de gâteaux, rouge, surexcité, vers minuit on le couchait.

Les parents de Joseph furent enfin avertis, et, dûment édifiés sur cette préparation précoce aux réunions publiques, ils se hâtèrent de retirer leur enfant au ménage du Thor. Ce fut assez laborieux. Le petit homme, qui était violent, jouait des pieds et des poings, et refusait de quitter ses nourriciers. Ceux-ci faisaient des difficultés pour se séparer de lui. Ils aimaient l'enfant à leur manière, le trouvant intelligent et déjà « gros travailleur ». C'est lui qui gouvernait tout à la maison. Il ne comprenait que le provençal, appelant sa mère « *Avignoù* », et était en passe de devenir un parfait petit campagnard. C'est ainsi que tous les matins de l'hiver 1876-1877 il fut... marchand de poisson. Voici comment. Le nourricier, robuste paysan, habile pêcheur, se levait à deux heures du matin, allait pêcher dans la Sorgue, et revenait avec des anguilles, des écrevisses, et quelques truites, que sa femme portait ensuite à la « correspondance » d'Avignon. Joseph l'accompagnait, et recevait l'argent du voiturier. Un matin que celui-ci n'avait pas de monnaie pour payer, le petit bonhomme lui arracha le panier de poisson des mains, criant avec colère : *Li sou ! li sou !* donne-moi mes sous. » Cette scène faisait le bonheur de la nourrice. Le dernier mot resta pourtant à l'autorité paternelle et l'on revint à Avignon. Après deux ou trois jours de scènes terribles, Madame Sépet eut l'idée de conduire un soir son petit Joseph au salut, dans la chapelle du Saint-Sacrement. Tout alla d'abord pour le mieux. Il y avait beaucoup de lumières, comme au café de son village, et l'enfant enchanté se tenait tranquille. Mais il se croyait encore à une soirée du Thor. Vint le moment de la bénédiction. A peine la clochette eut-elle retenti, dans le silence de l'église, le petit diable se mit à crier de toutes ses forces : « *Volé dé café, volé moun café !* Je veux du café ! donnez-moi mon café ! »

L'éducation était à commencer ou plutôt à recommencer. Elle se fit d'abord sur les genoux de la mère. L'enfant, chez ses nourriciers, n'avait jamais entendu parler de Dieu. Madame Sépet lui montra les images de la Bible, lui raconta en même temps les grandes scènes de l'Histoire Sainte. Bientôt Joseph récitait avec gravité ces premières prières, qui nous restent suaves entre toutes, parce qu'elles sont descendues dans nos cœurs d'enfants des lèvres maternelles. Il s'interrompait parfois pour interroger sur le sens des paroles de la salutation angélique. Alors il écoutait les explications données, avec ce sérieux et ce caractère réfléchi qui seront plus tard la note dominante de sa piété. D'ailleurs les bénédictions ne manquèrent point, pour encourager dans sa tâche madame Sépet. Comme dans l'Ancien Testament, plus d'un patriarche étendit la main sur la tête de l'enfant, faisant entendre qu'il serait un jour l'honneur d'Israël et la gloire de sa mère. C'est ainsi que Dom Bosco, de vénérable mémoire, passant à Avignon, bénit le petit Joseph et prédit qu'il serait un saint.

Les premières funestes impressions avaient disparu. L'enfant grandissait en âge et en sagesse. Ses parents n'avaient qu'un désir : le confier à des maîtres capables de cultiver cette riche nature. A cinq ans, présenté une première fois au Collège Saint-Joseph, il fut trouvé trop jeune. Dans sa petite fierté, il se trouva très mortifié de ce refus, mais se consola bientôt en allant chez les Frères, où il fut de suite un bon élève. Le soir, chez lui, il arrivait au dîner en sautant de joie, et au dessert lançait une pluie de bons points sur la table. Son camarade de jeu ordinaire était un charmant petit espiègle, fort intelligent, qui s'appelait aussi Joseph. Les après-midi de congé se passaient sous les marronniers du jardin, attenant à la maison. Parfois l'aventureux Joseph de S. était sur le point d'enfreindre quelque sage défense maternelle. — « Vois-tu, Joseph, disait alors le petit Sépet, si tu fais cette sottise je remonte et ne viens plus au jardin. » — L'autre l'embrassait et renonçait à son espièglerie.

A la rentrée d'octobre 1884, Joseph était enfin reçu comme externe au collège des Pères jésuites.

Celui qui écrit ces lignes voit encore cette bonne mine d'enfant sage, éclairée par deux yeux bien francs. Petit élève de septième, il garda sa devise des Frères : « Fais ton devoir ! » Devise qui devait être sienne jusqu'au terme de sa vie. « C'est le devoir », mot décisif, qui reviendra sans cesse sur ses lèvres ou sous sa plume. Ecolier, il aimait le dessin, et s'y adonnait pendant les vacances avec une sorte de passion. A la rentrée des classes, il craint que ce délassement favori n'empiète sur le travail. « Je laisse le dessin, dit-il à sa mère, il me prendrait trop de temps : c'est le devoir ! » Pendant ses vacances d'étudiant, il écrit à un ami : « Il y a plusieurs jours, j'ai commencé la lecture du livre de Mgr Baunard : *Espérance!* J'ai su me garder de la tentation de le lire pendant les mois de l'année scolaire, qui sont faits pour travailler : d'abord le devoir ! » En mai 1898, pris à l'improviste par le candidat conservateur du Var pour la campagne électorale, Joseph n'a pas le temps de prévenir sa mère. Avant de sauter dans le train, il lui trace ces lignes rapides : « Pas d'inquiétude, mère chérie, je pars à l'instant pour Brignoles, avec M. de C. qui veut absolument m'emmener : c'est le devoir !... »

Un grand deuil vint assombrir cette première année de collège, et retarder la première communion de l'enfant. Joseph perdit son père. Ce ne fut que l'année scolaire suivante, le 21 juin 1886, qu'il reçut pour la première fois Celui qui réjouit toute jeunesse. Onze ans plus tard, à sa dernière retraite d'étudiant, il prendra pour unique résolution ces deux mots : *communion quotidienne.* En venant chez cet enfant, Notre-Seigneur en avait fait définitivement la conquête. Le même jour, fête de Saint-Louis de Gonzague, Mgr Vigne, archevêque d'Avignon, confirma le jeune premier communiant.

Nous ne suivrons pas l'écolier étape par étape, dans chacune de ses classes. On le vit dès lors, coutumier de succès dûs autant à un travail sagace et persévérant qu'à des dons solides et brillants. Par de nombreux prix, chaque année, il préludait à ses futurs lauriers de la Faculté de droit. Au concours de philosophie (1892) il obtint la médaille de bronze. Le sujet à traiter était « le problème du mal ». La même année, pour la seconde fois, ses condisciples lui décernèrent un prix de sagesse. Il était déjà, petit enfant et adolescent, le bon ouvrier de l'Evangile, qui fait fructifier les talents que le Maître lui a confiés. Il travaillait avec conscience.

Il préludait aussi à son futur apostolat d'étudiant, en étant bon et fidèle congréganiste. Le registre de la congrégation des Externes, au collège Saint-Joseph, nous le montre d'abord enfant de chœur, puis conseiller-secrétaire, — et les comptes-rendus se colorent et s'animent sous sa plume. Il devient ensuite premier assistant, et enfin préfet de congrégation. Avant de quitter sa charge, il adressa à ses chers pauvres, visités par les congréganistes, de touchants adieux. Déjà, il avait le don de parler aux pauvres.

Que fut, pour cet enfant sage, la transition, — si difficile d'ordinaire et si périlleuse, — de l'enfance à l'adolescence? Nul n'échappe à la lutte. Il est à croire que Joseph en connut les nobles labeurs. Mais ce fut pour en savourer les triomphes. Voici les résolutions de retraite prises par lui en troisième. Il entrait dans ses quinze ans, cet âge si intéressant parce qu'il est si exposé :

« A la suite de cette retraite d'octobre 1888, je prends les résolutions suivantes :

« 1° Eviter soigneusement les mauvais camarades qui pourraient m'entraîner au mal.

« 2° M'appliquer à prêter plus de recueillement à mes prières du matin et du soir, que je fais trop à la légère.

« Je prie N.-S. J.-C., la sainte Vierge et saint Joseph mon patron, de bénir ces résolutions et de me les rappeler lorsque je serai tenté de les oublier. »

C'est net, pratique, et l'écriture d'une main déjà ferme atteste un caractère viril. Avec son esprit de suite, Joseph renouvellera chaque année ces mêmes résolutions. Du premier coup, il avait saisi le point stratégique dans les combats de l'âme, et il s'y maintenait. Dans ses notes de retraite 1893, en première année de droit, on lit encore : « *continuer à fuir avec le plus grand soin les mauvais camarades,* sixième renouvellement depuis ma retraite d'octobre 1888. » N'est-ce pas là prendre à la lettre ce conseil de l'Evangile, « il y a un ennemi dont on ne triomphe que par la fuite ? » Combien de jeunes gens se perdent chaque jour, pour n'avoir pas fui avec le plus grand soin les mauvais camarades !

Ecolier, Joseph aimait profondément ses maîtres et son collège. Venir tous les jours à Saint-Joseph était son grand bonheur des vacances. Ses maîtres lui rendaient en retour estime et affection. Lorsque, jeune étudiant, il écrira pour sa fête à l'excellent Père Besson, alors au terme de son rectorat, et tout près sans s'en douter du terme de sa vie, celui-ci lui répondra, avec sa vieille et affectueuse franchise : « Continuez, mon cher, à faire honneur à notre collège. C'est la meilleure manière de dire merci ! »

En juillet 1892, Joseph Sépet avait passé son examen de philosophie, avec mention *bien*. Au mois de novembre de la même année, il vint s'installer à Aix avec sa mère, près de la vieille Faculté. Il allait commencer son droit, — et commencer aussi à être « le bon sergent de Jésus-Christ ! »

II

L'ÉTUDIANT

Il y a plusieurs manières de comprendre la vie d'étudiant. Dans son vrai sens, elle a ses devoirs austères, ses joies calmes, son emploi fécond. Du premier jour, dès qu'il eut pris ses inscriptions, Joseph Sépet accepta toutes les obligations de sa vie nouvelle. Je crois pouvoir ajouter qu'il en a connu tout ce qu'elle a vraiment de bon et heureux.

Il a goûté la joie profonde des heures de travail, à son modeste bureau, devant son crucifix, « ce bureau », dit sa pauvre mère, où il a tant travaillé, sous le regard du Sacré Cœur. » Ce n'est pas que le labeur du droit n'eût ses épines, pour lui comme pour tout autre. A quelqu'un, qui avait raillé son prétendu amour du « grimoire », il répondit un jour, avec une vivacité quelque peu blessée : « Tu sais bien que nul plus que moi ne hait le grimoire ; qu'autant j'aime le droit comme science, autant j'enrage de le voir travesti en paperasses inutiles, destinées seulement à augmenter les frais, au détriment des clients et au profit d'hommes de loi rapaces ; je déteste l'aride travail et perpétuel rabâchage qui fait une grosse part des actes. Je n'ai pas non plus la « passion du notariat ». En fait de passions, je n'ai jamais eu que celle d'être au premier rang des combattants catholiques obscurs, caporal si tu veux, mais caporal zélé dans l'armée d'un de Mun... » Après chaque examen, pour la préparation duquel il a longuement « peiné », il pousse le cri joyeux de délivrance. C'est ainsi que, son premier examen de doctorat brillamment enlevé, il jette sur des cartes, à l'adresse de ses différents amis, ce bulletin de victoire : « Succès. Boules blanches. Plus de droit romain ! Plus de Pandectes ! Plus de Digestes ! Dieu m'a assisté. Loué soit-il ! »

Non, Joseph Sépet n'était pas un de ces paperassiers émérites, nés vieux, semble-t-il, qui respirent avec délices la poussière des bibliothèques. Il avait le sang jeune et l'humeur rieuse. Mais il tenait bon à creuser son sillon, et trouvait au bout cette première récompense des travailleurs : la joie du devoir accompli. Puis certaines parties du droit le captivaient, soit par elles-mêmes, soit en vue du parti qu'il comptait en tirer plus tard, au service des grandes causes. C'est ainsi qu'on retrouve dans ses cartons un travail sur « l'affranchissement des esclaves par le Christianisme », un autre sur les « nationalités », un autre, très approfondi, sur cette question : « les évêques sont-ils des fonctionnaires? » Chacun de ces sujets est parfaitement élucidé. Le jeune travailleur excellait à « éventrer une question », à saisir et à résoudre les difficultés profondes. A côté du Code, il avait toujours quelque étude intéressante, qui le délassait utilement de la procédure. Par exemple, il étudiait, parallèlement à l'Économie politique, le *Socialisme chrétien*. L'Histoire l'attirait particulièrement, sur le terrain surtout de la controverse religieuse. Il eût fait un polémiste redoutable, aussi sûr de ses coups que maître de lui. Quand la mort le surprit, il venait de choisir un sujet de thèse, dont la connaissance approfondie l'eût rendu singulièrement compétent pour la défense des œuvres catholiques : *Étude sur les dons pour les legs et fondations*.

Travailleur heureux, Joseph a goûté la joie du succès. Chaque année, au concours, il remporta quelque prix. Ce n'est pas tout.

Son talent de parole fut promptement remarqué. D'abord dans les conférences, puis, une fois stagiaire, dans les plaidoiries qui lui valurent les offres séduisantes du Parquet. Une voix autorisée a rendu hommage à « sa précoce connaissance et son sûr instinct des affaires.... à sa parole dejà maîtresse d'elle-même, déjà sobre et précise dans son élégante et spirituelle correction (1) ». Ses clients n'eurent jamais qu'à se féliciter de l'éloquence de leur défenseur. « Hier, aux assises, » écrivait-il le 8 août 1898, « nous avons enlevé trois acquittements. » A la barre, il savait être tour à tour mordant et persuasif, incisif et entraînant. Déjà on pressentait en lui un émule des Charles Jacquier et des Emile de Saint-Auban.

Un bon juge va plus loin. « Son don oratoire m'avait frappé » écrit M. Marius Sepet. « Je me souviens encore, lors de ma visite

(1) Discours de Me Drujon.

à Aix, en 1894 (il était bien jeune étudiant), de son attitude et de sa parole, à l'Académie. Je puis le dire, puisqu'il est mort, il me fit penser à Berryer. »

Son éloquence était faite surtout de conviction profonde, et de ce qu'un de ses amis a si heureusement appelé « sa probité intellectuelle ». On a abusé de ce cliché : « l'avocat exerce un sacerdoce.» Il reste, du moins, que l'avocat digne de ce nom est le porte-voix de la vérité. Dans une étude, très documentée, sur l'*Ordre des avocats*, Sépet fit un jour, en séance publique, sa profession de foi, et montra quelle haute idée il avait de sa vocation. Réfutant les préjugés et les accusations qui ont cours touchant l'art de la plaidoirie, il dit finement : « Il est assurément permis d'être habile et avisé dans la direction du procès, il n'est même pas défendu d'avoir du talent, mais il est interdit de faire la guerre de surprises, de pièges, d'embuscades. On se sert de ses armes le mieux qu'on peut, avec toute la vigueur et l'adresse dont on est capable, mais il faut que les armes soient toujours loyales. »

Parlant des avocats qui ont à défendre des causes difficiles, épineuses, il met leur loyauté et leur bonne foi au-dessus de tout soupçon : « Si l'avocat, dit-il, est naturellement porté à épouser les intérêts qu'on lui confie, il obéit en cela à un sentiment très respectable dans son principe ; il est souvent entraîné par une illusion généreuse, qui obscurcit pour un instant sa clairvoyance. » Enfin, il revendique fièrement la liberté et l'indépendance du barreau. Faisant allusion à un mot de Napoléon Ier, — qui n'aimait pas les avocats, — à Cambacérès, il s'écrie : « Quand ceux qui détiennent le pouvoir entendaient les fières et libres paroles des avocats, dans le procès du Panama, des fraudes électorales de Toulouse, de Mgr Cazet attaqué par les francs-maçons devant la cour d'Aix, de Mgr l'archevêque d'Aix coupable d'avoir dit cette vérité « nous ne sommes pas en République, nous sommes en Franc-Maçonnerie », croyez-vous qu'ils ne désiraient pas qu'on puisse couper la langue à tout avocat noblement indépendant ? »

Joseph Sépet a connu et goûté tous les plaisirs sains et bons. Excursionniste intrépide, que de fois il s'est livré à ce sport favori. Quand il ne pouvait trouver d'amateurs, il partait seul. « Tu le sais, écrira-t-il en vacances à un camarade, dès que je le puis, je fais une grande promenade de vingt à vingt-cinq kilomètres, dans la matinée, pour m'entraîner et me fortifier, car cette année, je m'étais rouillé, n'ayant pour compagnons de route, le jeudi que (ou presque enfin) de délicates « mazettes ». Où donc étais-tu, brave A. de Collobrières ? » Ecoutons ce brave A..., son fidèle compagnon d'escalades : « Dès le début de son droit, Sépet se mit à travailler beaucoup. Cela le fatiguait. J'avais particulièrement besoin de grand air. Je lui proposai des excursions. Nous en fîmes dès lors très souvent, soit ensemble, soit avec d'autres camarades : à Sainte-Victoire, à Rians, à Vaucluse, à la Sainte-Baume... Sépet excellait dans les exercices du corps comme dans ceux de l'esprit. Il s'appliquait à tout bien faire, aussi bien une excursion qu'un travail intellectuel... » Une fois, l'aventure faillit tourner au tragique. Parvenus à la croix de sainte Victoire, laissant le gros de la troupe reprendre la route ordinaire, Sépet et Charles A... tentèrent la descente à pic du côté de Saint-Antonin. A force de poignets, ils arrivèrent sur une étroite corniche, et là ne purent plus avancer ni reculer. Suspendus au-dessus de l'abîme, ils invoquèrent avec ferveur N.-D. de la Seds. Ils s'en tirèrent, mais ne rentrèrent à Aix que le lendemain matin, après une nuit pleine d'angoisses pour eux et pour ceux qui les attendaient. Joseph n'était pas moins bon nageur que bon marcheur. Il aurait pu lutter avec n'importe quel étudiant d'outre-Manche. Une de ses privations, à Aix, était l'absence du grand fleuve limpide. « Tu prends des douches », écrit-il plaisamment à quelqu'un, « grand bien te fasse ! Un de mes plus grands regrets, c'est qu'il n'y ait à Aix ni le Rhône, ni la mer, pour se baigner à l'eau froide. Quand j'habitais Avignon, je me souviens que les bains du Rhône me donnaient un appétit féroce. Ah ! si j'étais à X..., je me moquerais bien des douches, procédé féminin ! quand j'aurais le beau et vaste fleuve. »

Il a connu enfin la joie exquise de faire le bien, de se dévouer aux œuvres, de se dépenser au service de la charité et de la vertu. Tel récit, venu sous sa plume dans l'abandon d'une lettre, ne déparerait pas la biographie d'un Ozanam ou d'un Armand de Melun. Celui, par exemple, où il narre la bonne fortune arrivée à l'un de ses pauvres de la conférence Saint-Vincent de Paul. « Lundi, au moment où je portais les derniers secours que la conférence accordait à Honoré, le pauvre qui m'est confié, un gendarme est venu, annonçant que le ministère de la guerre lui allouait une somme de soixante et dix francs. Vous vous souvenez de la demande que nous avions faite au mois d'avril. La somme n'est pas grosse, mais le ministère paraît disposé à la renouveler chaque année, puisqu'il a pris soin lui-même d'indiquer la façon dont il faut formuler à nouveau la requête. Je vous laisse à deviner le plaisir que j'en ai eu. Quant au brave homme, il n'en a pas dormi de plusieurs nuits, et comme, ainsi que sa femme, nous nous sommes mis à genoux pour remercier Dieu, il ne pouvait répondre à la prière tant il pleurait... »

A son arrivée à Aix, étudiant de dix-huit ans, Joseph Sépet avait eu le bonheur de trouver un guide affectueux et sûr dans la personne du Père Directeur, et des amis excellents dans les membres de l'Académie

Saint-Louis de Gonzague. De cette œuvre, — qu'il a tant aimée et qui fut sa vie pendant cinq ans, — il traça un jour le portrait. C'était dans la séance solennelle du mois de mai 1897, en présence de Mgr l'archevêque et de l'élite de la société d'Aix : « Préserver un étudiant de ces chutes qui stérilisent une vie entière ; lui donner le goût des occupations sérieuses et chrétiennes ; sous une direction large, sûre et paternelle, coopérer à sa formation intellectuelle et morale ; le préparer à occuper plus tard dans la vie la place honorable et influente que tout catholique instruit doit y tenir ; lui faire acquérir la science, le courage nécessaires pour réfuter l'erreur et proclamer la vérité éternelle : tout cela, par l'association, le groupement mutuel, en se serrant les coudes, telles sont les idées-mères de notre œuvre. »

Dans ce discours, qui est un vrai programme, on retrouve la netteté de vue, le solide bon sens de Joseph Sépet, de celui qui, au témoignage d'un de ses meilleurs amis, « aimait l'ordre, la règle », « n'agissait pas par caprice mais avec méthode, voyant partout le but sérieux, utile des choses. » Agréablement, il raille les rêveurs, les nébuleux, les amateurs de riens sonores. Il raille aussi les « pleureurs éternels ». Le passage vaut d'être cité : « Il faut des forts et non plus des tristes. Quant au chœur antique, qui psalmodie les *lamentationes Jeremiæ prophetæ*, qu'on le dissolve d'urgence, et qu'avec ses débris on fasse des reliques. Il nous faut des membres assidus, actifs, présents en chair et en os. Car pour ce qui est des membres avec nous de cœur mais en congé permanent, ils sont innombrables. Il en est, paraît-il, qui pour avoir mis les pieds chez nous sont morts, oui morts... d'ennui ! Mais, braves trépassés qui vous portez assez bien, si vous aviez joué un rôle actif dans nos séances, au lieu de rester muets, retenant la manne précieuse de votre parole, nous nous serions sans doute fort divertis. Ah! quel regret... mortel! » — On y retrouve aussi la décision du soldat de la bonne cause, que rien ne déconcerte ni ne fait reculer : « Un peu de vigueur! s'écrie-t-il. — Il ne faut pas qu'on dise de la jeunesse catholique ce qu'on disait de la jument de Roland : elle avait toutes les qualités, seulement elle était morte. Sachons à quoi et à qui dire « oui », à quoi et à qui dire « non ». Restons debout, quand tant se mettent à plat ventre. A ceux-là, ça leur paraît drôle de nous voir debout. Je crois bien! les perspectives sont renversées. Sachons tenir tête à nos adversaires, qui ne rougissent pas eux d'être ce qu'ils sont; ce qui est, pour sûr, infiniment moins honorable que d'être chrétiens! » On y retrouve, enfin, une véritable éloquence, à la fois jeune et forte : « Ne dites pas : nous avons contre nous le vent et la marée! La marée montante succède à la marée descendante, et voici que du large on annonce un vent favorable, tout imprégné de christianisme, faible zéphir encore mais qui bientôt va gonfler vivement nos voiles. Les jeunes générations qui se lèvent sont fatiguées du doute érigé en système, que l'on appelle scepticisme, dilettantisme. Ce sont des noms de maladie. Ces maladies, le vent du large en chassera les microbes. Les jeunes générations ont soif de croire et d'espérer. Croire en quoi ? Espérer en qui ? Elles ne savent pas peut-être ; mais c'est en Dieu. »

Des applaudissements accueillirent cette superbe envolée oratoire. Après avoir montré dans la doctrine du catéchisme le remède au dilettantisme moderne, le jeune orateur termina par cette éloquente péroraison, qui acheva de faire impression sur l'assemblée : « Il y a deux ans, un professeur éminent de l'Université, membre de l'Académie française, prononçait un discours qu'un journal résumait plaisamment ainsi : « Les personnes » qui auraient trouvé une âme égarée sont

» prévenues qu'elle appartient à la jeunesse » française et priées de la rapporter, soit chez » M. Lavisse, à l'Institut, soit au ministère de » l'Instruction publique. Il y aura une bonne » récompense. » Eh bien, nous l'avons retrouvée cette âme, ou plutôt nous ne l'avons jamais perdue. Vous la chercheriez en vain dans l'atmosphère des cafés-concerts. Ne la sentez-vous point planer dans cette salle même ? Et si vous n'avez point senti son frôlement qui donne le frisson, vous le sentirez tout à l'heure, quand mon ami Combes (1) enverra vers cet auditoire le souffle de son éloquence qui fait vibrer les cœurs.

» Mais qui la commandera, cette vibrante jeunesse ? Quel tribun ? Quel homme d'État ? Quel général ? Vous demandez quel sera le chef des jeunes catholiques ? C'est plus qu'un député, plus qu'un général victorieux, plus qu'un prince du sang, plus qu'un prêtre, plus

(1) Me Ch. Combes, le jeune et brillant avocat mareillais, dévoué lui aussi à toutes les bonnes œuvres.

qu'un évêque. C'est Léon XIII, le vicaire de Jésus-Christ. Acclamons, messieurs, acclamons Léon XIII, le vieillard, chef des jeunes catholiques de France! » — (*Longues acclamations*).

A trois reprises différentes, Sépet fut élu. à l'unanimité, président de la Conférence Saint-Louis de Gonzague. Avec quel tact il s'acquitta de ces difficiles fonctions, nous le dirons plus loin; ce qu'il faut mettre ici en lumière, c'est la part que la conférence occupa dans sa vie d'étudiant. Il s'y trouvait chez lui. Il en promouvait toutes les œuvres : adoration nocturne, classe aux enfants pauvres, catéchisme aux enfants des écoles laïques, œuvre des baptêmes, conférence dans les villages voisins, causeries aux élèves de l'école Jeanne-d'Arc, apostolats de tout genre, — payant partout de sa personne, non seulement sans compter, mais encore avec une bonne grâce charmante. Il avait un remarquable talent pour débiter des monologues.

Un jour, à Avignon, il donna lui seul une séance à trente petits savoyards, réunis par le Groupe Saint-Joseph, autour d'un magnifique arbre de Noël. Il y mit autant d'art et de brio que s'il eût eu pour auditoire la société du salon le plus « sélect » de la ville. C'était plaisir de voir toutes ces petites frimousses noires de jeunes ramoneurs, montrer leurs dents blanches, dans un rire inextinguible.

Joseph aimait comme un frère chacun des membres de la conférence. L'honneur et le bonheur de chacun d'eux le touchaient à l'égal des siens. Que de fois discrètement il a soutenu des courages chancelants, remonté des volontés faibles. Que de fois encore, il s'est fait répétiteur charitable pour aider à préparer quelque examen en retard. Ce fort était tendre et compatissant. Il avait la main délicate et le cœur d'une mère.

D'ailleurs, Sépet était avant tout, par-dessus tout, l'homme de conviction et d'honnêteté. Rien chez lui n'était donné à la pose.

Quand il mettait pour devise, en tête de ses compositions pour le concours : « Je suis le bon sergent de Jésus-Christ » (1893), ou : *Ad majorem Dei gloriam* (1895), ce n'était point pour s'afficher. Nul moins que lui n'a été homme de galerie. Ces devises traduisaient simplement ses dispositions intimes, la direction donnée à sa vie. Je crois que c'est en dernière analyse, dans cette inflexible droiture et cette loyauté profonde, qu'il faut chercher le secret de l'influence exercée par le jeune étudiant, non seulement sur ses familiers mais sur quiconque l'approchait. L'honnêteté de son âme resplendissait sur ses traits, se reflétait dans ses paroles, s'imposait comme la lumière du jour. Or rien ne séduit autant les hommes, parce que rien n'est plus rare, et, en même temps, rien n'est plus digne de l'homme.

Mais, dira-t-on, ne se lassa-t-il jamais de cette vie, somme toute un peu monotone, écoulée entre l'étude du droit et le dévoûment aux œuvres? N'eut-il jamais des échappées de regret vers ces plaisirs bruyants, ces distractions mondaines que tant d'autres croient indispensables à leur bonheur? L'ennui ne le prit-il pas quelquefois de sa chambrette, de ses amis et de ses livres? Surtout pendant les longs mois de vacances, alors que les vieilles salles des Facultés sommeillaient poudreuses, et que toute la vivante jeunesse s'était envolée aux champs, laissant silencieuses les rues de l'Athènes provençale. Le 15 septembre 1894, — en pleine solitude aixoise, — il écrivait à son confident le plus intime : « On t'a dit que je m'ennuie? Dire que je m'ennuie, c'est dire que je suis désœuvré. Je ne m'ennuie jamais. Depuis quinze jours j'ai profité de mes loisirs pour entreprendre une étude raisonnée d'apologétique chrétienne. Il faut se confirmer dans sa foi et savoir répondre aux objections. »

Qu'on ne l'oublie pas, Sépet avait l'âme bien portante. L'ennui, le spleen, sont maladies de névrosés. Il ne les connaissait point. Il savait d'ailleurs se détendre et se récréer; mais aux plaisirs frelatés des cafés et des théâtres il préférait les saines jouissances du grand air et de la nature. Souvent il venait se reposer à Saint-Joseph du Tholonet. Il en aimait les bois de pins, la vue incomparable, les divers sanctuaires épars dans les bosquets. D'autres fois, il prenait le chemin du château de Galice, près les Mille. Il trouvait là une onde fraîche et pure pour se baigner, et le charme d'une amitié hospitalière. C'était, direz-vous peut-être, un sage à la façon d'Horace? Bien mieux : c'était un sage à l'école de Jésus-Christ.

III

LE CHRÉTIEN

Dans le monde on a vite fait de dire, devant un jeune homme sage : c'est une vertu de tempérament. Par cette bizarre alliance de mots on entend sans doute un caractère sans relief, une nature à égale distance des grands essorts et des grandes chutes. Je ne sais si le mot a jamais été prononcé au sujet de Joseph Sépet. Il eût été des plus inexacts. Sépet n'était ni un neutre, ni un inerte, encore moins un insensible. Il était chrétien, profondément, inébranlablement. Cela seul explique tout de lui. Sa piété n'était point de la religiosité vague, mais une conviction assise, raisonnée, victorieuse. Vu de la terrasse de Saint-Joseph du Tholonet, le mont Sainte-Victoire se profile austère et puissant sur le bleu du ciel, ayant à sa cime une croix. La vie apparut ainsi à Joseph Sépet : une ascension vers la croix. Montée rude parfois, dont jamais il ne chercha à éviter le labeur, ni à tromper la pente.

Il fut le chrétien qui veut ignorer les faiblesses du respect humain, — une de ses pensées familières était : « moquons-nous agréablement de ceux qui se moquent de nos pratiques » ; — le chrétien qui communie pour prendre des forces ; le chrétien qui va à Dieu simplement, avec même une certaine rondeur ; le chrétien qui a horreur de tout ce qui sent la routine, la banalité, le convenu ; le chrétien qui se travaille sans cesse, plaçant la dévotion dans la victoire sur soi-même. « En cas de réussite », écrit-il à son directeur à la veille d'un examen, « je ne promets point de pain à saint Antoine, ni un nombre déterminé de chapelets ; mais j'ai la ferme intention d'extirper en moi le défaut dominant, que vous m'aiderez à capturer. »

Nous l'avons laissé pressentir déjà , il eut à lutter. Heureusement, car celui qui n'a pas lutté que sait-il ? Je le dis bien haut ici, pour la consolation des jeunes gens généreux qui veulent rester purs, mais sentent bouillonner en eux toutes les passions de la jeunesse. Depuis saint Paul, jusqu'à ces admirables chrétiens de nos jours, Sonis, Louis Veuillot Hervé-Bazin, Firmin Sue, tous ceux qui ont rêvé et fait quelque chose de grand, étaient d'abord d'ardents lutteurs contre eux-mêmes. Joseph Sépet raille quelque part ces « bons petits jeunes gens » qui n'ont de passion pour rien, également incapables de se dévouer et de se compromettre. « C'est très gentil, un bon jeune homme ! Les dames en parent volontiers leur salon parfumé. » Ce ne sont pas ceux-là qui serviront glorieusement l'Eglise ni la France. Il ne fut pas de ceux-là. Il connut, ce pur, lui, un de ces *rari nantes,* dans le fleuve bourbeux des voluptés qui entraîne la jeunesse, — dont un médecin chrétien a dit : « Ils se reconnaissent vite, à ce je ne sais quoi dans leur regard, leur physionomie, leur attitude, qui inspire la sympathie et une sorte de respect », il connut, dis-je, ces durs combats, dont l'héroïque labeur arrachait à un Firmin Suc des cris de ce genre : « Je suis à un âge où parfois je me sens plein de cœur ; il m'étouffe, je le sens grand, trop grand! j'éprouve une sorte de rage intérieure... Oh ! que de choses, que de luttes dans la vie d'un jeune homme! » Quand Joseph arriva à Aix, pour lui aussi les « eldorados » ne demandaient qu'à s'ouvrir, et le chant des sirènes se faisait entendre à ses oreilles. Le vieux mythe d'Hercule, ayant à choisir entre le chemin des labeurs et la pente fleurie du plaisir, ne se représente-t-il pas à tout adolescent qui entre dans la vie ?

Il connut aussi, ce jeune athlète, si paisible en apparence dans la possession de sa foi, il connut les agitations douloureuses et les angoisses du doute ; il eut l'effroi de l'âme en face de l'abîme. Infiniment réservé, il ne s'ouvrait qu'au guide de son âme de ces âpres combats. A celui-ci il écrira un jour ces lignes singulièrement suggestives : « Merci beaucoup pour vos prières fréquentes, et celles que vous avez faites pour moi le jour de mon saint Joseph. Continuez-les, pour que je n'oublie pas les principes et les résolutions chrétiennes qui m'ont guidé dans le choix de ma carrière, que je ne me laisse pas envahir par l'indifférence, le découragement, l'égoïsme ; pour que les nécessités que vous connaissez de la vie matérielle, avec ses épreuves et ses difficultés, ne m'obscurcissent pas tout à fait l'idéal céleste, n'étouffent pas la piété et la pratique des sacrements. Priez, priez ! »

C'est spécialement dans les retraites annuelles que Joseph Sépet s'est « travaillé ». Ah ! la retraite de trois ou quatre jours, dans le recueillement et le silence, sous un bon guide; la retraite où l'on met en commun les bonnes volontés et les bons exemples, qui en dira l'efficacité et le bienfait ! Tel y arrive sans chaleur pour le bien, pauvre et anémié dans son âme, chancelant dans la vertu, qui en sort tout brûlant d'amour de Dieu, trempé dans la prière et la grâce, refait pour les combats de la vie chrétienne. La retraite fermée est pour les jeunes gens le viatique par excellence. Quatre années, Joseph Sépet a pris part à celle des étudiants, qui a lieu à la campagne du Tholonet, la semaine de l'Ascension. Ce ne fut jamais sans effort sur lui-même qu'il s'y rendit. La retraite coûte, il faut savoir s'y traîner parfois. Il se félicite bientôt de son énergique décision : « Avant de venir à cette retraite, je me disais : Pour moi c'est bien inutile, je marche dans les bonnes voies.... mais combien je vois tout à coup que je côtoyais l'abîme. Halte-là ! » (mai 1893). Et le dernier jour : « J'étais venu un peu indifférent à cette retraite, mais que j'en pars plus fort ! Oh ! que je suis capable de belles choses. dans les dispositions de cette retraite ! »

J'ai sous les yeux les pensées intimes jetées sur le papier, au cours de ces solitudes avec Dieu. Ce sont, en général, des notes courtes, substantielles, pratiques. D'un trait la méditation est résumée, la résolution à prendre gravée en relief. Nul n'était moins songe-creux, et nul ne haïssait plus ce qu'il appelle quelque part le « gaspillage par dispersion. » Une seule idée est embrassée à la fois. L'esprit s'y arrête, jusqu'à ce qu'il ait déduit la conséquence, formulé la règle de vie.

Une fois à la retraite, Joseph Sépet voulait y être tout entier : « Recueillons nous ; vite, cachons tout ce qui pourrait nous distraire. Ce n'est pas le temps de l'étude du droit. C'est le temps bien plus nécessaire, bien plus important de la retraite. Arrière tout livre profane ! Dieu ne permettra pas que ce me soit nuisible pour mon examen prochain... » C'était vraiment pour lui l'heure de la générosité avec Dieu et des mâles décisions : « Allons où je sens que Dieu m'appelle : c'est la route des déboires, des incertitudes, des luttes perpétuelles, des critiques journalières de trente-six millions de langues. Mais tant pis, mais tant mieux ! C'est pour cela que c'est le poste des forts. Mais je n'ai pas ce qu'il faut selon le monde? Tant pis : j'ai le désir ardent de servir la bonne cause, avec cela je suis plus riche qu'avec tout l'or du monde... » Pour servir la bonne cause, Joseph Sépet prévoyait-il dès lors, qu'il lui faudrait sacrifier une partie de son avenir humain ? Je n'en doute pas. L'heure venue, il a donné la preuve que ce n'était pas là un facile et factice enthousiasme de circonstance. En effet, il écrira un jour ces mots qui en disent long : « J'aurais bien aimé la magistrature, mais puisqu'on me demande, — on me l'a dit, — de briser avec les œuvres « cléricales et jésuitiques », de renoncer à mon devoir de chrétien actif, je renonce à la magistrature. »

Les résolutions que prend Joseph Sépet, sont la résultante d'un effort énergique sur lui-même, et d'une sage et mûre délibération, qui conduit la volonté jusqu'au sacrifice demandé par Dieu. Il se raisonne, il argumente, il discourt devant son crucifix ainsi qu'au palais. Avec son ferme bon sens, qui ne se laisse pas duper aux belles et vaines paroles, il a bientôt vu que c'est dans l'intime de l'homme que la victoire se décide : « En vain, note-t-il encore, prendriez-vous l'engagement de combattre pour la plus noble des causes, — pour la cause de Dieu, de l'Eglise, de la France, — si vous ne luttez d'abord contre le péché. Ainsi ferai-je... » Et il s'établit dans la crainte, qui est le commencement de la sagesse : « un seul péché mortel !... Pensons à l'enfer. Dante montre les métamorphoses de l'âme du damné changé en serpent : « Je veux que tu rampes comme moi ! » Horrible !... » Il conclut loyalement : « Se vaincre, voilà où tout se résume, voilà ce qu'il faut faire ! » La piété de Joseph n'avait rien d'anémique, d'impuissant. Elle s'alimentait à la saine doctrine, s'épanouissait à la pure lumière des bons livres ascétiques. On le voyait chaque matin arriver à la messe, à l'église de la Résidence, portant sous le bras tantôt quelque vieux volume des *Elévations* de Bossuet, tantôt le *Combat spirituel*, ou bien encore quelque bon petit traité de Saint-François de Sales. C'était son viatique pour la journée. Il aimait à varier ses méditations, ses lectures ; s'inspirant des besoins du moment, cherchant, jusqu'à ce qu'il eût rencontré ce dont son âme manquait récisément.

Entre les livres qui lui plaisaient le plus, au temps de la retraite, se place en première ligne le volume des « Conseils » du P. Olivaint aux jeunes gens. Il en aimait la saine logique et la droite doctrine. Le style net et enlevé plaisait à son tour d'esprit. Il y prend des extraits, et mêle sa pensée à celle de l'auteur. Dans l'analyse qu'il fait du chapitre sur le *caractère*, se trouve cet aperçu de méthode pour faire un bon controversiste : « Invoquons d'abord un de ces grands principes, dont on abuse à notre époque : libre examen! liberté de conscience! république! démocratie! liberté! égalité! fraternité!.... et partant de là, soutenons notre opinion. » La tactique est bonne et ne manque pas d'esprit (1).

Dans ses entretiens avec lui-même, — ses

(1) Ailleurs se détache en marge d'une feuille de notes cette exclamation, fortement soulignée : « Pour une côtelette, ce vaillant met son drapeau dans sa poche! » — Le trait est du P. Olivaint. Il allait au caractère de Sépet.

soliloques, — Joseph Sépet revient souvent sur ce point : être un chrétien qui ne se cache pas, qui ose, qui use de ses droits, qui ne tienne pas la vérité captive. Il s'indigne, avec Montalembert, de ce qu'on croit pouvoir tout oser contre les catholiques. Il est fils de l'Église, et rien ne l'empêchera de réclamer la liberté, pour sa mère et pour lui. Il y mettra même quelque hardiesse, et je ne sais quel accent de noble défi, juvénile et guerrier. « Dans notre temps » — dit son journal spirituel, — « le caractère peut bien se traduire avec une pointe d'orgueil, et d'entêtement pour le bien : il faut en imposer ! » Il ajoute cependant : « Cette pensée est de moi, donc « critiquable ». Pour s'encourager encore, il cherche autour de lui de nobles exemples. La vue du bien élève son cœur, comme la vague soulève et porte la barque. « Je sens, lisons-nous dans son « memento » de 1893, que Charles A... m'a fait du bien par son exemple. Quelle franchise! » Et déjà, à sa retraite de philosophie : « Henri de P... tiendra-t-il sa résolution ? Elle est superbe ! »

Ce ferme esprit ne se défend jamais contre l'admiration. Cet énergique, dominé par la raison, est un enthousiaste. Quand passe un grand courant catholique, il s'y jette à corps perdu. Au mois d'octobre 1893, introduit au Congrès des jurisconsultes catholiques, qui se tenait à Aix, il écrit, le cœur tout bondissant : « J'ai été présenté à MM. Paul Besson, avocat à la Cour de cassation et au Conseil d'Etat, Boyer de Bouillanne, Guigou, doyen de la Faculté de Marseille, Arthur Loth, de la *Vérité*, Ménard, de l'*Univers*, Rivière, du *Monde*, au R. P. de Scorraille, directeur des *Études*, à Mgr l'archevêque d'Aix... Je me suis rendu utile autant que possible, et c'est moi qui ai rédigé les rapports pour l'*Univers*. Enfin, je suis enchanté de ces trois jours. Là, au moins, j'ai vu des hommes courageux. Et, en les voyant, je me suis écrié, comm l'artiste italien : « Et moi aussi, je suis jurisconsulte catholique ! » Il conclut : « Il n'y a plus de salut dans la société, que du côté des hommes de conviction, des hommes de courage et d'énergie. »

Les camarades de Sépet auraient pu croire, à le voir agir, que sa crânerie ou plutôt sa suprême indifférence du qu'en dira-t-on, était le fruit d'une disposition naturelle. Bien loin de là. C'était le résultat d'un travail persévérant, d'un effort opiniâtre, d'un combat ininterrompu. Combien cela est plus méritoire, et combien aussi plus encourageant pour ceux qui se sentent encore faibles contre le respect humain, mais sont néanmoins décidés à lutter.

Pour avoir le dernier mot sur la piété de Joseph Sépet, et les dernières clartés sur la richesse de son âme, il aurait fallu pouvoir saisir ses entretiens avec Notre-Seigneur, dans ses communions fréquentes, à ses heures d'adoration et de méditation profonde. C'est le voile qu'aucune main humaine ne peut soulever. Il faut laisser au ciel à recevoir sur cette âme les suprêmes révélations.

Donnons, pour terminer ce chapitre, où nous avons tâché de montrer son âme, les résolutions prises par Joseph, à sa première retraite d'étudiant, et soigneusement trans crites par lui, de son écriture nette et loyale.

Saint-Joseph du Tholonet

14 mai 1893.

A la suite de cette retraite, dont j'avais tant besoin à mon entrée dans la vie plus périlleuse d'étudiant; retrempé et me sentant plus fort, je prends les résolutions suivantes :

1° *Continuer à fuir avec le plus grand soin les mauvais camarades.* (Sixième renouvellement depuis ma retraite d'octobre 1888.)

2° *M'exercer à vouloir ce que Dieu veut.*

3° *Etre un chrétien « sans peur et sans reproche.* »

Moyens : Communion fréquente — bien sonder et examiner avant de me lier avec quelqu'un — se moquer agréablement des moqueries. — Me rappeler cette parole qui m'a frappé : « *Diabolus ante tribunal Christi recitabit verba professionis nostræ.* » Le démon qui nous a fait pécher, sera notre accusateur ; et il tiendra en main la feuille de nos promesses.

Je confie spécialement à saint Joseph, mon patron, et à mon ange gardien le soin de me rappeler ces résolutions, lorsque je serai sur le point de capituler.

IV

LE SOLDAT

A la session du mois de juillet 1895, Sépet passait avec toutes boules blanches et félicitations du jury son examen de licence. Trois mois après il revenait à Avignon, pour acquitter sa dette envers la patrie. Il eût préféré faire son année de service militaire à Aix, pour ne pas se séparer de sa mère, de ses amis, de ses œuvres. Un député influent avait fait dans ce sens des démarches qui n'aboutirent point. Joseph fut donc incorporé au 58e de ligne, et logé au sommet du palais

4

des Papes : cent trente-cinq marches à gravir, pour atteindre son domicile; mais là, vue superbe sur le Rhône, l'île de la Barthelasse, les collines du Gard et l'immense et fertile plaine qui se déroule au pied du mont Ventoux. Souvent notre soldat s'attardera à quelque fenêtre de la monumentale façade, conquis par ce paysage grandiose et mouvementé. Sa pensée suivra le cours rapide du fleuve, qui hâte vers la Méditerranée ses eaux profondes. Il ne sait point alors que sa vie à lui se précipite aussi, et que bientôt cette grande charmeuse qu'est la mer bercera son dernier sommeil.

La transition de la vie intellectuelle et libre d'étudiant à l'exercice, aux corvées, à la discipline militaire est toujours désagréable. Mais Sépet prit vite et gaîment son parti des inconvénients du métier. Alerte et débrouillard, il ne bouda point la besogne. Pour entrer plus vite dans la peau du troupier, il s'imposa les premiers temps de se contenter de la gamelle, et de ne point mettre les pieds à la cantine. Au bout de six mois, il passait caporal, sans avoir subi aucune brimade, ni encouru la moindre punition. Ce qu'il avait justement redouté de la vie militaire, c'était l'épreuve morale, le contact forcé avec tout ce qui peut blesser la délicatesse, offenser la vertu. Quoi qu'en pensent certains esprits optimistes, il faut être bien fort pour passer indemne au régiment, et respirer sans péril l'atmosphère de la chambrée. Dieu sait si nous aimons notre armée, avec son glorieux passé d'héroïsme et d'honneur. Pourquoi faut-il que la plus triste immoralité semble parfois avoir droit de cité à la caserne? Que de braves enfants venus intacts au service, rapportent au foyer d'irréparables flétrissures! Tant qu'on n'aura pas fait à Dieu sa place dans la vie du soldat, notre armée portera au flanc sa triste blessure, et le passage à la caserne restera redoutable aux mères.

Joseph Sépet était un pur et un fort. Il avait déjà assez l'expérience de la vie pour en connaître les pièges, et n'y point tomber. Néanmoins, il se trouble, à la pensée de ce qu'il aura à traverser : « A Dieu, Père », écrivait-il, la veille de son entrée au régiment, à celui qui dirigeait sa jeunesse, « bénissez-moi surabondamment, afin que la boue de la chambrée ne me salisse pas trop ». Après quelques jours, il rend compte au même Père de ses débuts, et lui dit comment il se tire avec honneur de la situation : « Voulez-vous que je vous parle un peu de mon casernement ? Je prends la chose avec courage, gaîté et philosophie. Matériellement, je ne suis pas malheureux. Le métier est fatigant, mais pas à l'excès. Moralement, non plus, puis-je dire, je ne suis pas malheureux. Mais quel milieu terre-à-terre et dépravé ! Ah ! je suis bien mal tombé comme chambrée !... Je n'ai encore découvert personne de moralement bon, et avec qui l'on puisse causer un peu sans dérailler... Néanmoins je suis aussi bon camarade que possible avec eux, mais en me gardant bien de leur concéder une parole semblable aux leurs. D'ailleurs on me respecte, et, quand on s'adresse à moi, on sait qu'il faut trier un peu son vocabulaire. Ces gens-là sentent que quelqu'un qui ne dit pas ce qu'ils disent de vilain, et ne fait pas ce qu'ils font de honteux vaut mieux qu'eux, et qu'ils lui doivent respect. Je crois que la conduite à tenir est d'être bon avec tous les plus humbles, exempt de morgue, en se gardant bien de se jeter dans leurs eaux, car ce sont des eaux bourbeuses dont les éclaboussures marquent. » Dans une autre lettre il indique où il puise force et courage, tout en regrettant de ne pouvoir plus souvent se retremper à cette source divine : « Je n'ai encore pu faire la communion qu'une fois depuis mon incorporation. Car, sur trois dimanches, deux fois notre compagnie a été de piquet jusqu'à dix heures du matin, et je n'ai pu aller qu'à la messe de midi. »

Pour achever le tableau, voici le post-scriptum qu'il adresse, avec sa rondeur coutumière, à l'un de ses amis : « Fais quelques prières pour moi, qui n'ai pas le temps d'en faire long. Souvent je fais ma prière du matin à dix heures du soir! »

Cette expérience, acquise à ses risques et périls, Joseph Sépet veut en faire profiter d'autres jeunes gens : « J'aurai vu bien des choses au régiment, — écrit-il au meilleur confident de ses pensées, — les unes gaies, les autres tristes, mais les unes et les autres pleines de leçons de morale et de psychologie. Les dangers et la corruption qui m'entourent, m'ont montré l'humanité dans son méchant et laid côté. Je suis en plein au milieu de tous les vices; l'occasion est unique d'observer. Heureusement j'étais trempé, et ma foi ne s'est point altérée. Le dégoût que m'inspire l'audition continuelle de certaines pratiques, racontées tout crûment, suffirait à me faire aimer la vertu opposée au vice dont je parle... On peut, au régiment comme partout ailleurs, quoiqu'avec plus de difficultés, se montrer chrétien. Mais il faut être fort. Un jeune collégien, ignorant de tout, tombé subitement dans la chambrée, est un bien frêle esquif sur une mer houleuse. » Est-ce un jeune homme de vingt et un ans, est-ce un philosophe de la vie qui porte ces fermes jugements, et analyse avec cette sûreté de vue les hommes et les choses? Un brin de poésie se mêle parfois à cette sagesse précoce et un peu désenchantée, parfum de lavande dans un paysage austère : « Mes compliments et mes vœux pour tes vingt ans », ajoute-t-il, « ils ne sont pas fanés comme, hélas ! le sont les vingt ans de beaucoup trop de jeunes gens, déjà vieillis à cet âge. Tu verras ça au régiment... Pour moi, je me fais vieux, car le service militaire rend immédiatement plus mûr. Et toi aussi, tu vas bientôt passer à cette dure épreuve, qui t'apprendra beaucoup sur les hommes et les choses. »

Au fond de tout Français il y a un troupier. Quand arrivèrent les grandes manœuvres, avec leur pittoresque et leur imprévu, leur entrain guerrier et patriotique, Joseph Sépet ne se sentit pas de joie. Malgré les fatigues en perspective (1), il boucle gaîment son sac et emboîte le pas avec ses hommes, aux mâles sonneries du clairon, comme s'il marchait réellement à l'ennemi. On allait dans les Alpes. L'ancien excursionniste du Pilon du Roi et de la chaîne des Maures tressaille d'aise, à la pensée des belles ascensions qui se préparent. Cette poudre, brûlée à deux mille mètres d'altitude, l'enivre à l'avance. Il est empoigné par le métier, qui re-

(1) « Neuf jours seulement nous séparent du départ pour nos manœuvres des Alpes, que même nos chefs sont obligés d'avouer comme devant être *très dures*. C'est là un mot que je ne lâcherai pas à ma mère ; elle en aurait une attaque » (Lettre à G. D.)

vêt dès lors quelque beauté chevaleresque et poétique. C'est avec brio et conscience qu'il s'acquitte de ses devoirs de caporal. A mi-route, il écrit de Mezel (Basses-Alpes) à son ami Charles A... — probablement sur son sac en guise de pupitre — : « Toujours en bonne santé, en bon appétit et en bonne humeur, je suis. Nous avons jusqu'ici été bien reçus partout. On dit qu'il n'en sera plus ainsi près de la frontière, alors surtout que 12.000 hommes évolueront dans ces régions. A l'Isle, bons hôtels ; à Goult, pèlerinage à N.-D. des Lumières à laquelle j'ai confié mon voyage ; à Apt, de garde de police installée dans le « violon municipal » orné de peintures grotesques ; à Reillanne, joie des habitants ; à la Brillanne, villégiature de mon escouade dans une ferme éloignée et dans un site charmant ; à Bras-d'Asse, pas besoin de campement, l'habitant ayant préparé les dîners ; ici, à Mezel, prunes de tous côtés, prunes partout. Enfin je suis très content, mais le sac sur le dos est un peu lourd pendant les marches. J'ai une très bonne escouade, la première ; elle est administrée comme aucune autre, car aucun autre caporal comme le sien. Je fais faire à mon cuisinier des fricots succulents; au besoin, j'améliore l'ordinaire de quelques sous de mon porte-monnaie. Pour l'instant, je me plais à cette vie, qui me rappelle l'excursion de Collobrières. Je mange dans ma gamelle, avec grand appétit, des fricots suprà-extrà-excellents et ultrà-odoriférants; j'ajoute un petit dessert. Heureux enfin, heureux! »

Est-ce que ces lignes si jeunes, si françaises, ne font pas du bien au cœur, comme une sonnerie de clairon dans l'air pur d'un gai matin de Provence ?

Les grandes étapes eurent une fin, comme tout ici-bas, et ce fut la fin aussi de cette année de beaucoup d'épreuves semées de quelques joies. Le 25 septembre, réinstallé en son logis d'étudiant, l'ex-caporal écrit joyeusement à son ami d'Arles : « Le service militaire n'est plus qu'un souvenir ; me voilà au milieu des livres de droit, des revues, des journaux, je revois le monde de la pensée. Que de choses oubliées ! Quand tu viendras, tu me feras part de ton butin littéraire de l'année. » Mais avant de tourner le feuillet sur l'année qui s'achève, Joseph jette un dernier regard sur ce mois de campagne, qui en fut le couronnement. Ainsi on aime à refaire par le souvenir une étape un peu rude, mais qui eut son attrait pittoresque et glorieux. Nous ne résistons pas au plaisir de donner en entier ce récit vif et entraînant, avec son brin d'humour. Il témoigne de beaucoup d'endurance et de bravoure. Une légère teinte de réalisme n'est pas déplacée en pareil cadre : c'est la pointe d'ail, qui donne sa saveur au mets provençal. Laissons la parole au narrateur :

« Je vais, puisque j'ai commencé dans mes

précédentes lettres, terminer rapidement le récit de mes manœuvres. Elles se sont terminées pour moi sans accident. Grâces en soient rendues à N. D. des Lumières !

« De Latour à Clans, de Clans à Marie, de Marie à Isola, nous marchions derrière la ligne de combat, en réserve. Mais il n'en a pas été toujours ainsi dans la suite.

» Nous étions à Marie, coïncidence heureuse, juste le 8 septembre, fête de la Nativité de la Vierge, et anniversaire de ma naissance. J'ai assisté au salut donné dans la petite église de ce pauvre pays. Qu'il est dommage que ce gracieux tableau soit troublé par un vilain souvenir. N'ayant que le plancher pour coucher, j'ai loué une couverture que je n'ai pas examinée avant de m'y envelopper. Or, elle était l'asile d'une multitude d'insectes, qui se sont aussitôt jetés sur moi pour me dévorer ; si bien qu'en un instant, mon corps n'avait pas un centimètre carré qui ne fût couvert d'une cloche cuisante. Quel affreux supplice ! Saint Laurent sur son gril ! Je sors dans la rue, véritable casse-cou ; je cherche un ruisseau pour calmer les piqûres ; je reste à prendre le frais sur le seuil de la porte ; je vais me recoucher ; je n'y puis plus tenir : je me lève, me chausse, prends mon alpinstock et vais respirer l'air frais. Il est minuit. Mais, sentier étroit ; je suis obligé d'aller à tâtons, car la lune éclaire peu ; sentier rocailleux taillé sur le bord d'abîmes profonds, de plus tout inondé d'eau où l'on gaffe jusqu'à la cheville. Dans l'obscurité, je me secoue, mais c'est insuffisant. J'erre à l'aventure ; les heures passent, les lumières s'éclairent ; les soldats se réveillent, font le café. L'on s'équipe et l'on part. Je ne puis dire que je pars frais et dispos, n'ayant pas dormi une minute et m'étant battu toute la nuit contre plusieurs centaines d'ennemis. Nous prenons la route d'Isola. De temps en temps, un de mes adversaires, s'égarant hors de mes manches, sur mes poignets, est capturé et mis à mort. Enfin à onze heures, on arrive à Isola ; j'ai à m'occuper du logement et de la nourriture de mon escouade, puis je sors du pays, je prends un sentier dans la montagne, je grimpe sur un rocher, puis sur un autre afin d'échapper aux regards ; là je vois mes ennemis au grand jour, les secoue, les tue. Il y en a environ cent cinquante. Mais voilà que, dans mon costume de chasse, la pluie me surprend ; je réintègre sur mon sein la moitié de mes insectes et j'attends sous un rocher que la pluie ait cessé. Puis je continue mon hécatombe. Enfin, les survivants deviennent rares et je retourne au logis. — La nuit suivante les bestioles me piquent peu, engourdies sans doute par la gestation ; mais la nuit d'après, elles ont pondu et les petites aiguisent leurs dards ; je les chasse encore. Deux ou trois jours après, ayant jeté tout mon linge à l'eau, je suis délivré. Et c'est de Marie que j'ai emporté ce charmant cadeau !

» A Isola, tout à côté de la frontière, les gens n'aiment pas le soldat. Aussi faut-il se loger de force.

» Le capitaine fait former le cercle à la compagnie et dit : « Voici vos billets de logement ; probablement, on ne voudra pas vous recevoir, ou vous trouverez portes fermées. Alors, attendez devant la porte que les gendarmes vous fassent entrer.

» En effet, plusieurs brigades de gendarmerie sont sur pied. Les gendarmes sont accompagnés d'un serrurier pour ouvrir les portes closes et sont munis d'une longue échelle, au moyen de laquelle on pénètre dans les maisons par les fenêtres. Je m'adresse à l'épicière qui doit nous loger quinze. Elle dit n'avoir point de place. « Cependant, lui dis-je, si la mairie fournit un billet, c'est que vous pouvez loger. » Elle montre au lieutenant un grenier ras de toits, mais tout encombré de vieilles choses. Je commande quatre hommes pour déménager ces vieilleries, et nous faire place.

» C'est alors seulement qu'elle nous parle de son grenier à foin, situé dans une rue voisine. Là, nous avons enfin trouvé un gîte.

» Le lendemain, nous avons bivouaqué, c'est-à-dire couché sous la tente au milieu des prairies. On n'est pas mal sous la tente en se bien couvrant, mais on y est bien à l'étroit, couchés huit sur un espace large de trois mètres. Quand, fatigué d'être sur un flanc, on veut se mettre sur l'autre, le mouvement ne peut s'exécuter qu'en bousculant ses deux voisins qui sont étroitement pressés. Et puis, quel fourbi le matin, pour replier tout cela et monter les sacs à la lueur de quelques bouts de bougie !

» Heureusement, il fait beau temps ; et d'ailleurs nous n'avons pas à nous plaindre du temps qui a été splendide toute la durée des manœuvres.

» Nous avons bivouaqué trois fois. Seulement la rosée de la nuit est froide.

» Le 12, il y a eu grande bataille près de Rimplas : canon, fusillade superbe dans ces montagnes, bruit répété par mille échos qui le grossissent, poudre brûlée à profusion, escalades, descentes vertigineuses dans les ravins, etc..., etc... Nous refoulons l'ennemi. A midi, la bataille est finie ; on mange un peu, on se repose une heure, et l'on repart pour aller coucher à Venanson, pays impossible, où il n'y a pas une seule boutique. Les particuliers vendent du pain de seigle à des prix exorbitants. Il y a un seul marchand de vin ; mais comme il exploite le soldat, le commandant fait placer une sentinelle devant la porte pour empêcher d'y faire achat.

» On couche dans un grenier sur la planche.

» Le lendemain, 13, horrible journée, quatre heures d'escalade pour s'emparer de la tête du Siruol (2.015 mètres). On grignote un bout de pain, on fait le café, on se repose une heure et l'on redescend à travers des casse-cou. On n'arrive à Roquebilière qu'à sept heures et demie du soir, n'ayant mangé que ce que chacun avait eu la précaution d'emporter, en le payant de sa poche. Toute la compagnie est logée au premier étage d'une maison en construction. Pas un pouce de plancher qui ne soit occupé. Point de fenêtres.

» Le lendemain, repos à Roquebilière. Il y a deux restaurants, mais ils sont mal montés et sont envahis. Impossible d'y faire un bon repas.

» Le 15, en combattant on gagne le Suchet, on bivouaque.

» Le 16, la septième compagnie prend d'assaut le village d'Utelle, entraînée par un coup d'audace du capitaine de F... Elle entre dans Utelle ; le 61e fuit. On l'aurait mis en pièces.

» Le général félicite le capitaine pour ce mouvement qui a décidé de la victoire, mais nous a donné une grande fatigue. Le capitaine nous félicite à son tour et nous remercie. Nous lui avons décroché, ce jour-là, son quatrième galon, pour bientôt.

» Le 17, à minuit et demi, nous levons le camp et nous mettons en route pour Levens, où doit avoir lieu la grande revue finale. Très beau, mais très chaud ; plusieurs hommes sont tombés évanouis. Les journaux t'ont donné les détails. Je n'y reviens pas.

» Dans le cours des manœuvres quatre ou cinq accidents ; soldats tombés dans des ravins ; un de la sixième compagnie tombé dans la Vésubie, d'où son lieutenant le retire.

» Plusieurs mulets et chevaux tués.

» Le capitaine de la onzième compagnie a eu son cheval précipité dans un ravin et tué. »

Joseph Sépet a payé l'impôt du sang.

L'avenir s'ouvre devant lui. N'a-t-il pas vingt-deux ans, des provisions de santé, d'énergie, de bonne humeur, une brillante carrière, de nobles ambitions ? Quelques mois encore, et de ce long avenir il ne restera qu'une tige brisée. La providence aura montré de nouveau que « l'avenir n'est qu'à Dieu ». Faisons halte, comme on aime à s'arrêter à un tournant heureux de la vie, avant de raconter la tragique catastrophe, où ont sombré tant d'espérances. Aussi bien, nous n'avons rien dit encore de l'homme d'œuvres qu'était Sépet, de l'écrivain qu'il promettait, de l'ami incomparable qui fut en lui.

V

LE JEUNE HOMME D'ŒUVRES

Joseph Sépet était admirablement doué pour la direction des œuvres. Il avait cet ensemble de qualités rarement réunies, qui font le président modèle : tact, sang-froid, à-propos, ferme bon sens, abnégation totale. Il excellait à débrouiller une situation, à mettre une question au point. Nul n'avait comme lui le don de rappeler amicalement à l'ordre, de couper court par un trait heureux à une interruption malencontreuse, sans blesser l'interrupteur. Pour tout dire, il avait de l'autorité et on l'aimait. C'est une barque difficile à conduire qu'une réunion de jeunes gens. Ce sont déjà des hommes ; ils ont toutes les susceptibilités des vieux parlementaires. Ils gardent néanmoins les saillies, les fantaisies, les exubérances de leur âge. Ensemble charmant, infiniment séduisant. Mais quel doigté ne faut-il pas, pour s'en rendre maître ! Joseph Sépet y réussissait, au-delà de ce qu'on peut dire. Aussi était-il perpétuellement réélu au fauteuil de la présidence.

Il avait pris son œuvre à cœur, première condition du succès. Avec raison, il voyait dans la Conférence une œuvre vitale. Se plaçant au point de vue le plus élevé, c'est à Dieu d'abord qu'il demandait grâce d'état. « Vous savez, écrit-il au premier fondateur de l'Académie, que j'ai été réélu président de la conférence. Priez, afin que Dieu me donne de travailler à son développement, avec zèle en même temps et habileté. J'ai la confiance des membres. Mais vous savez combien il est difficile de manœuvrer dans ces eaux. Quelle prudence il faut joindre à la fermeté ! Que Dieu m'assiste et m'envoie son esprit : *ut mecum sit et mecum laboret.* »

Recevant de si haut son mandat, et apportant à le remplir un tel esprit de foi, faut-il s'étonner si le jeune président exerça sur les membres de la conférence une influence profonde et excellente ? On avait une telle confiance en lui, qu'on lui apportait les confidences les plus intimes, et qu'il pouvait donner les conseils les plus délicats. Il a retenu plus d'un jeune chrétien, son frère, sur la pente de l'abîme. Seuls, les anges ont compté tout le bien qu'il a fait avec la prudence d'un père et le zèle d'un apôtre.

S'étant fait tout à tous, pour le bien, sa plus grande joie était de reconnaître dans l'un des siens l'énergie et la vertu. « Je vous recommande Amin R... — trouvons-nous dans un billet écrit à la hâte, — il visitera

Lyon pendant un jour ou deux. Il a passé deux ans à Aix, membre exemplaire de Saint-Louis de Gonzague. C'est un vrai, un pur, un chrétien sans peur, solide, sérieux, sans respect humain, rempli de toute sorte de qualités et de sentiments très délicats. »

Joseph Sépet avait au cœur la charité, la vraie, celle dont saint Paul a divinement tracé le portrait : « Elle est patiente, elle est douce, elle ne s'irrite point, elle ne se réjouit point du mal, elle se délecte dans le bien, elle supporte, elle encourage, elle n'est point passagère... » La charité emplissait son âme, débordait sa vie. Il brûlait de zèle pour ses frères, il se donnait, se livrait pour eux. Il avait le dévouement, les délicatesses infinies de la charité chrétienne. Il en avait même le luxe : ces attentions, cet art de faire plaisir, de rendre service qui en sont comme la menue monnaie. Les corvées semblaient ne plus l'être pour lui, dès qu'il s'agissait d'être bon à quelqu'un. Entre autres spécialités, il eut celle de piloter dans la ville d'Aix les jeunes étudiants étrangers, neufs à nos coutumes et embarrassés de leur personne. On le vit ainsi un jour, faire le tour des épiceries et des magasins de comestibles avec un étudiant, égyptien ou syrien je ne sais plus trop, nouvellement débarqué, et qui ayant meilleure volonté que bonne bourse faisait ses provisions de ménage, pour s'épargner les frais du restaurant. Joseph narre la chose à un ami sous forme piquante : « Figure-toi que j'ai un dahoméen sourd et muet à mes trousses, ou un grand singe, avec lequel je parcours les magasins. » Ce sont de ces riens qui coûtent à la nature, et dont les anges s'emparent pour faire des trésors au ciel.

Rien enfin ne lui tenait tant au cœur que la piété solide des membres de la conférence. A la veille des examens de juillet 1897, il écrit à un Père, qui avait à cœur lui aussi l'œuvre aixoise : « J'ai pu constater pendant la neuvaine de N.-D. de la Seds, que la piété n'était pas perdue. Le Père A... était à Cauterets. Moi je ne bougeais pas, parce que je préférais une démarche spontanée. Eh! bien, tous ces jeunes gens ont voulu et demandé eux-mêmes une messe pour la conférence en corps. Et tous ont communié. Personne cependant, ne le leur a soufflé ! »

Une œuvre doit toujours progresser, même matériellement. La conférence Saint-Louis de Gonzague suivait cette voie de progrès. Et la correspondance du zélé président relate chaque étape heureuse, fournie en avant : « Nous avons acheté un billard, et c'est une innovation dont il y a lieu de se féliciter. Vraiment la petite Académie dont vous avez jeté la graine, est aujourd'hui sinon un chêne, du moins un arbuste vigoureux et qui porte des fruits. » Et encore : « Je vous assure que la conférence, renouvelée, si vous voulez, quant au plumage, conserve toujours l'esprit chrétien d'autrefois. Certainement du bien s'est fait et se fera encore, dans cette maison de Frascati. J'ai l'espoir que, dans quelques années, votre petite Académie sera la réunion la plus forte de la ville d'Aix. Déjà, je vous assure qu'on compte avec elle. »

D'ailleurs, chez Sépet, point de rêves chimériques, ni d'utopies, mais une vue saine et claire de ce qui est réalisable et de ce qui ne l'est pas. Délégué à Paris, en mai 1897, par le groupe d'Aix-en-Provence, pour assister à la réunion du Conseil fédéral de l'Association catholique de la Jeunesse française, il note au passage, dans chaque séance, et départit avec une merveilleuse sûreté de jugement les projets féconds et les illusions généreuses. Une importante discussion s'engage, sur l'entrée de la jeunesse catholique dans le mouvement électoral. De bonnes idées sont mises en avant et Sépet s'y rallie, « mais, ajoute-t-il, je désire qu'on soit prudent, dans la marche sur ce difficile terrain. Déjà, je crains qu'il n'y ait quelque divergence dans le sein du Comité même. Il va sans dire qu'à Aix nous n'avons rien à changer à notre prudence et à notre réserve. On dit : si l'Association ne fait pas ce pas en avant, c'est la déchéance. Je suis de cet avis; mais il ne faut pas déclarer, sans ménagement : l'Association s'occupe désormais des élections; qu'on dise : l'Association défendra les intérêts catholiques, partout où ils seront attaqués et doivent être défendus, et ce sera sa seule attitude, sur le terrain électoral. » Un peu plus loin, il note encore : « Quelqu'un veut à toute force fonder un journal. Il n'a pas l'air de se douter que c'est impossible. »

Parfait dans ses relations avec les membres de l'œuvre, le président de la conférence Saint-Louis de Gonzague sut toujours aussi se montrer affable et courtois envers les étudiants qui n'en faisaient pas partie. Personne ne fut, suivant une de ses paroles, « aussi intransigeant sur les principes et aussi bienveillant envers les personnes ». Ce point a été bien mis en lumière par l'ami discret et délicat qui a rendu le premier hommage à la mémoire de Joseph Sépet, au lendemain des funérailles : « S'il était chrétien militant, on ne put jamais remarquer aucune violence dans son attitude. Rien de cette acrimonie intempestive, qui semble s'être donné pour mission de creuser un fossé plus profond entre nous et ceux qui ne pensent pas comme nous. Sépet était l'ennemi décidé de toute étroitesse de ce genre. Dans un discours de rentrée, il avait détaillé son programme sur ce point : être solide sur les principes et inébranlable dans la dignité de la vie, mais être conciliant, tolérant pour tous, profiter de tous les points qui nous rapprochent et savoir oublier parfois ceux qui nous divisent ; juger les autres non pas d'après notre idéal à nous qu'ils ne connaissent pas encore, mais d'après le leur, en ce qu'il a d'acceptable, et reconnaître volontiers tout ce qu'il y a d'excellent en eux. Il était fidèle à ce programme. D'ailleurs sa nature discrète répugnait aux démonstrations sonores, et à cet héroïsme facile et tapageur, qui trompe quelques exaltés sur la stérilité de leur vie. »

Ne semble-t-il pas, en effet, trop souvent dans les œuvres catholiques, que le premier point est de partir en guerre d'abord contre ses amis, — j'entends les amis qui ne pensent pas absolument comme nous sur toute question? Le second point, ensuite, est de dépenser le reste de son ardeur belliqueuse contre ceux qui, sans être proprement ennemis, sont divergents de croyance et de but. Ceux-là, nous devrions chercher à les gagner, à les conquérir, par notre urbanité, notre courtoisie, notre charité, notre loyauté à reconnaître et à saluer tout ce qu'il peut y avoir de droit, de généreux, de sincère dans leur aspiration et leur idéal. Mais non, guerroyons, guerroyons! Quand nous avons ainsi dépensé toutes nos forces contre des frères ou de conciliables adversaires, il ne nous en reste plus contre les véritables ennemis, les sectaires, ceux qui ont juré haine au Christ, à l'Église, à la liberté religieuse. Ah! comme Joseph Sépet déplorait cette funeste tactique; comme il ne partageait pas ces fâcheuses passions, qui frappent de stérilité les œuvres les meilleures. A ce point de vue, le discours auquel on faisait allusion plus haut est capital (1) : il pose et résout nettement la question : « Nous sommes, — y était-il dit, — une réunion de jeunes gens chrétiens. Quelle doit être l'attitude du chrétien envers tout le monde? Je songe que, pour beaucoup de gens, le chrétien est un être qui hait ou méprise tout ce qui n'est pas chrétien. » Et Joseph Sépet s'élève contre cette définition. Il reprend à son compte la déclaration de Paul Orose :

(1 J. Sépet s'y inspire, manifestement, des conseils du si regretté Ollé-Laprune.

« En quelque lieu que je porte mes pas, je suis un romain parmi des romains, un chrétien parmi des chrétiens, un homme parmi des hommes » ; et il la commente ainsi : « Le chrétien n'éprouve aucun embarras à s'unir avec ceux qui ne sont pas chrétiens, comme aucune hésitation à se séparer d'eux, dès qu'il le faut. Il s'unit à eux, il marche avec eux, il est avec eux, tant que la chose à penser, à dire, à faire, est de celles où il suffit d'être homme, pour penser, dire et faire ce qu'il faut. Il accepte donc, il recherche le concours de tous les hommes éclairés et droits, de tous les hommes de sens, de tous les hommes honnêtes, et il entretient avec eux de cordiales relations. » L'application à l'étudiant chrétien est immédiate : « Bon camarade, même avec des camarades qui ne partagent pas ses convictions religieuses ; ne se refusant pas à prendre part à leurs travaux, ou même à leurs plaisirs ; se séparant d'eux seulement quand la conscience l'exige, mais alors sans concessions, ni respect humain; défendant hautement l'Église, quand on l'attaque devant lui, dans son rôle historique, politique et social, mais, en même temps, tâchant de gagner ses adversaires; haïssant les vices et les erreurs, mais non pas les personnes : en un mot, *le plus accommodant et le plus intraitable des hommes...* » « Règle idéale, sans doute, conclut le jeune orateur, mais dont nous devons constamment nous approcher, nous inspirer sans cesse... Comme président d'un groupe de jeunes gens qui a son autonomie, je veux nouer de cordiales relations avec tout ce qui est bon et honnête. Je suis disposé à faire appel à tous ceux qui voient avec sympathie la jeunesse catholique, clergé ou laïques, à tous ceux qui veulent aider au développement d'une œuvre utile et bonne. Nous avons beaucoup à gagner de leur zèle, de leur expérience et de leur talent. Soldats de la même cause, marchons tous la main dans la main ! »

Mais, pour qu'on ne se méprenne pas sur la portée et le sens vrai de ses paroles, pour qu'on ne soit pas tenté de voir dans son programme je ne sais quel *néo-libéralisme*, il revient sur sa déclaration, en une autre circonstance; il la précise, de façon à écarter tout équivoque : « Allez-vous assoupir toutes les questions? mettre des coussins et des tampons partout? Non pas. Vous regarderez en face et les choses qui divisent les hommes et les hommes que ces choses divisent : la paix se fera par la lumière et la franchise. Vous aurez une attitude hardie et non pas incertaine; très droite, et non pas courbée ou fuyante... Vous ne diminuerez jamais la vérité, comme jamais vous ne diminuerez en vous la dignité du caractère, ni l'honneur de la vie. » Celui qui parlait ainsi avait vingt-deux ans, et on l'écoutait.

« Pour ceux qui n'ont vu Joseph Sépet que de loin », ajoutait l'auteur de la fidèle et trop courte notice que nous avons citée déjà, « et ont peut-être été arrêtés par la réserve un peu timide de son abord, il faut dire combien son cœur était bon. Plus que l'avocat plein de talent, plus que l'homme d'œuvres qui s'annonçait en lui, c'est l'ami, l'excellent ami tendre et dévoué que nous pleurons. »

Les jeunes gens vertueux excellent dans l'amitié. Ils ont toute la tendresse, toute la fraîcheur et toute la force de leur cœur, que rien de désordonné n'est venu troubler ni appauvrir. Un jour, le jeune président, — qui payait souvent de sa personne, — lut à la séance hebdomadaire de Saint-Louis de Gonzague une étude sur l'amitié, à propos d'un livre de M. Auguste Riche. Il se révèle lui-même, en ces pages exquises. Je les voudrais citer en entier. Joseph Sépet adopte la définition de M. Riche : l'amitié est l'union libre et désintéressée de deux âmes dans l'amour du bien. Définition qu'il commente ainsi :

« Le besoin d'aimer est tellement dans notre nature que Schiller a pu dire : « Si j'étais seul dans la création, je chercherais une âme dans les rochers et je les embrasserais ! » Tous les humains ont donc une passion de la sensibilité.

» C'est l'amitié, dont M. Riche donne cette définition parfaite : « L'union libre et désintéressée de deux âmes dans l'amour du bien. » Tous en effet, nous devons aimer le bien et nous associer librement pour le pratiquer. Ce devoir porte sa récompense en lui ; il découvre une des plus pures sources du bonheur.

» Nécessaire à tout âge, l'amitié l'est encore davantage dans la jeunesse, parce qu'alors le cœur qui n'est pas rempli d'une affection noble et sainte s'emplit facilement d'amours sensuels et coupables. Un des plus grands avantages de l'amitié, c'est d'apprendre à se passer du monde et de ses vains plaisirs, sur lesquels s'abattent les esprits vides et les âmes indigentes Le monde est le bien des hommes pauvres du dedans, Qu'irait chercher dans le monde celui qui possède un ami ?

» Appuyé sur son bras, il descendra avec sécurité la pente glissante et rapide de la jeunesse. S'il tombe, un effort de charité de son ami le relèvera et, dans le sentiment de sa faiblesse, il se tiendra plus fortement à la main de son frère, et s'appuiera davantage contre son cœur. Son ami aura des conseils pour toutes ses incertitudes, une lumière pour tous ses doutes, des consolations pour ses douleurs, des compassions pour ses faiblesses et des pardons pour ses fautes. Il marchera comme un second ange gardien à ses côtés dans la vie. Tous deux se suffisant l'un à l'autre, ils n'iront pas mendier ailleurs le bonheur qu'ils trouvent tout auprès d'eux... La maturité de l'âge ne sera plus déjà que la prose de l'amitié, tandis que la jeunesse en est la plus fraîche poésie. Ce qui est vrai, c'est que l'amitié est rare, parce qu'elle impose de graves devoirs, parce qu'elle est le partage de belles âmes, parce qu'elle effraye le vice et est insupportable à la légèreté et à la médiocrité. « Pour les cœurs corrompus, a dit un poète du XVIIIe siècle, l'amitié n'est pas faite. »

» Ne niez pas l'amitié, elle existe Voici une des paroles les plus belles de Lacordaire : « Je crois à l'attachement des hommes, comme je crois à la bonté de Dieu. L'homme trompe et Dieu ne trompe jamais, c'est là leur différence. L'homme ne trompe pas toujours, c'est là sa ressemblance avec Dieu. » L'amitié existe surtout comme une récompense du Seigneur à ceux qui gardent sa foi. Il faut la demander au dispensateur de tous les trésors. Et voulez-vous que je vous livre le secret pour lier une amitié parfaite ? Que votre amitié soit chrétienne ou ne soit pas. C'est la religion et la vertu qui disposent le cœur aux nobles affections, en le rendant plus large et plus profond. Une même foi, une même espérance fixent les regards de deux amis, tandis que par la charité ils se soutiennent mutuellement sur le chemin de la vertu. »

Joseph Sépet a connu le charme de cette amitié dont il parle si bien. Non seulement il fut aimé de tous ses camarades, et nombreux étaient auprès de sa dépouille ceux qui pleuraient en lui leur « meilleur ami », mais encore il a goûté ce don presque divin d'une amitié parfaite, rappelant celle de Montalembert et de « son ami de collège ». Pendant six ans, il lui fut donné d'épancher dans un cœur frère du sien le meilleur de lui-même, recevant en échange autant qu'il donnait. Que de traits charmants, épars dans la correspondance des deux amis, qui trompaient toute séparation par de longues lettres, commentaires éloquents et simples de ce mot si vrai de La Fontaine : L'absence est le plus grand des maux. — « Pour toi, tu sais la part de moi-même que je t'ai donnée », écrit Joseph. Et, une autre fois, du fond de sa solitude : « Je ne verrai pas avec déplaisir la rentrée de nos Facultés. Nous serons plus rapprochés, nous travaillerons quelquefois ensemble, nous ferons des lectures ensemble, nous nous promènerons le soir ensemble sur le cours Mirabeau, nous fréquenterons ensemble l'Académie, nous nous soutiendrons mutuellement dans les bonnes œuvres et dans les luttes contre les mauvaises : c'est comme cela entre amis chrétiens. »

L'Écriture Sainte l'a dit : « Celui qui a trouvé un véritable ami a trouvé un trésor » ; Joseph Sépet a possédé ce trésor. Ce fut une des récompenses dont Dieu réjouit les jours de sa jeunesse.

VI

L'ÉCRIVAIN. — L'ORATEUR.

Joseph Sépet aurait servi la cause catholique par sa plume et sa parole : polémiste et orateur, conférencier et journaliste. Dans un article du *Bulletin de la Société bibliographique*, octobre 1898, on lit : « A un rare don oratoire Joseph Sépet joignait de remarquables aptitudes d'écrivain. Sous les auspices de M. Marius Sepet son cousin, il avait déjà donné à la *Revue des Questions historiques* quelques comptes rendus. Il avait collaboré plus amplement à la *Revue de la*

Jeunesse catholique, et publié dans l'*Univers* une étude sur le livre de M. Arthur Desjardins : *P.-J. Proudhon*, qui avait vivement frappé cet éminent magistrat (1). Joseph Sépet promettait à la cause de la vérité religieuse et sociale un intrépide et utile champion. »

Avec une paternelle affection, M. Marius Sepet s'était fait le parrain littéraire du jeune étudiant, son cousin. Il guidait ses débuts, le faisait connaître des éditeurs, lui facilitait l'entrée de la presse catholique. Rare bonne fortune, dont Joseph était empressé de profiter, et dont il gardait à son illustre parrain dans les lettres une profonde et très affec-

(1) A la nouvelle de la mort prématurée de Joseph Sépet, M A. Desjardins écrivit à M. Marius Sepet : « Je prends une grande part à votre douleur. Vous aviez pour ce jeune homme une amitié bien naturelle. J'avais de mon côté pour ce courageux et déjà brillant écrivain une véritable sympathie. J'étais son obligé. Je n'oublierai jamais avec quelle bienveillance il avait apprécié mon dernier ouvrage. Je tiens à vous envoyer dans cette pénible circonstance l'expression de mes sentiments les meilleurs et les plus distingués. »

tueuse reconnaissance. M. Marius Sepet, en encourageant Joseph, ne cédait pas seulement à une inclination de famille. Il avait réellement reconnu en lui de grandes aptitudes, sous le couvert d'une extrême modestie. « Ayez devant les yeux, écrit-il à son jeune cousin, l'exemple de Claudio Jannet. Il me semble que c'est pour vous intellectuellement la route à suivre. » Et, quand l'étudiant est à la caserne : « Nous avons été bien heureux d'apprendre votre promotion au grade de caporal. Toute carrière est une milice, où il faut conquérir souvent à grand'peine les galons, puis s'il y a lieu les épaulettes. Je compte toujours sur vous pour les futures batailles intellectuelles. » Puis, après libération : « Je me préoccupe de renouer le fil, interrompu par votre service militaire, de vos débuts dans la carrière de publiciste. » Dans une autre lettre encore : « Il faut songer à devenir un jurisconsulte brillant et solide, un excellent avocat et publiciste avec un peu de science et de critique historique. » Dans une autre, enfin : « La question pratique et de carrière, qui est de première importance, étant mise à part, je n'aimerais pas à vous voir rétrécir trop votre horizon de présent et d'avenir, vous spécialiser trop ni trop tôt. Même dans l'homme d'affaires, — si telle est votre destinée, — il faut que le penseur, l'orateur, le publiciste, le lettré persiste et se développe. Ne nous rapetissons pas. »

Plus d'une fois, Joseph Sépet a donné à la conférence Saint-Louis-de-Gonzague telle étude littéraire ou historique, d'un grand intérêt et d'une forme irréprochable. Un maître de la plume ne les eût point désavouées (1). Son style vigoureux et souple s'éclaire parfois de saillies spirituelles et de traits inattendus. Il y a du Gaulois, — dans le bon sens du terme, — chez ce Provençal à la langue

(1) Par exemple son étude sur Berryer; une autre, sur Mireille.

déliée. Avant de tourner la dernière page de sa vie, qui va s'achever d'une manière si douloureusement tragique, je veux mettre en lumière la gaîté de cette séduisante physionomie. Sépet n'était ni un esprit étroit, — on connaît sa largeur de vues, — ni un endormi, — ne coupa-t-il pas la préparation de son dernier examen de doctorat, pour aller mener dans le Var une campagne électorale, où la bicyclette joua un rôle aussi grand que la parole? — ni un triste et un ennuyeux : épithètes dont on est trop disposé à affubler quiconque se dit catholique. Sérieux dans le fond de sa vie, il savait à ses heures être gai, d'une gaîté communicative et du meilleur aloi. Ses toasts présidentiels, en de différentes circonstances, sont des modèles de badinage spirituel faisant passer une leçon utile. J'en retrouve, dans les notes qui m'ont été communiquées, deux qui sont charmants. Le premier fut porté à la clôture de la retraite des messieurs et des étudiants, à Saint-Joseph du Tholonet, en mai 1897. Le R. P. Recteur de la Résidence présidait le banquet, entouré de M. Boissard, — hélas ! disparu depuis, — et d'autres éminents catholiques de la ville d'Aix. Le voici, en son entier :

« Mon Révérend Père,

» Messieurs,

» Après l'âme, le corps. C'est pourquoi ce festin, je voudrais dire modeste, mais ce serait mentir à nos estomacs. Après le silence et le recueillement, en avant les langues et les toasts !

» Chaque année, Messieurs, au dernier jour de la retraite, quelqu'un au nom de tous exprime la joie de ces jours bénis, remercie les organisateurs et fixe le rendez-vous pour l'année suivante.

» Au premier organisateur, au premier maître de céans, à Dieu les premiers remerciements : « *Deus nobis hæc otia fecit !* » C'est Dieu qui nous a ménagé ces jours de repos, salutaires à nos âmes. De repos, et non pas de paresse, car il nous a fallu rentrer en nous-mêmes, et dans ce champ, j'en sais quelque chose, enlever les ronces les épines, les chardons. On ne s'en tire pas sans quelques piqûres : Mais aussitôt la récompense :

» C'est dans nos cœurs soumis à ce devoir austère
» Une force, une paix qui n'est pas de la terre.

» Donc, remercions Dieu, car c'est bien par une élection spéciale de sa grâce que nous avons porté nos pas dans ce petit paradis, préférablement à tant d'autres qui ignorent notre bonheur, et à quelques autres qui ont failli venir, mais qui ne sont pas venus.

» Chantons donc : « *Te Deum laudamus, te Dominum confitemus.* » Mais Dieu n'est pas tout seul. Il a ses ministres. Ajoutons : « *Te, patrem R. laudamus, te patrem A. confitemur.* » A ceux qui voulaient aller avec Jésus, une voix (qui n'était pas celle d'Eugène Sue) a dit à l'oreille : « *Vos qui cum Jesu itis, ite cum Jesuitis.* »

» Ceux-ci nous ont reçus dans le joli séjour du Tholonet, et dès qu'ils ont su les fonctions auxquelles chacun était préposé, on a entendu le colloque suivant, que j'ai écrit pour le conserver aux siècles futurs :

» *Premier jésuite.* — Aux retraitants, je donnerai un grand amour de Jésus Christ.

» *Second jésuite.*— Et moi, pendant ce temps, je leur ferai préparer un bon dîner.

» *Premier jésuite.* — Que ces chrétiens bienaimés se reposent en paix dans la prière.

» *Second jésuite.*— Frère coadjuteur, mettez de bons matelas à tous les lits.

» *Premier jésuite.* —Je les enivrerai des consolations célestes.

» *Second jésuite.*— Défonçons le tonneau de vin blanc sec...

» Le voilà dans mon verre, et dans les vôtres. Buvons-le en reconnaissance au premier et au second jésuite, en leur disant sans ambages, pour l'année prochaine : « Encore ! »

» Aucun de nous n'y manquera, n'est-ce pas ? »

Le second toast (dont nous donnons des fragments) est de la même année, quelques semaines plus tard. La conférence Saint-Louis-de-Gonzague fêtait son aimable patron, encore à la campagne Saint-Joseph. La journée s'était ouverte dans le charme d'une messe et d'une communion matinales, à la chapelle de Lorette. Elle se continuait dans les jeux et les épanchements d'une fraternelle amitié, devant se clôturer, le soir, par l'assistance recueillie de vingt-cinq jeunes gens, à la procession de la Fête-Dieu de la paroisse du Tholonet. Comme de juste, il y eut dîner de fête. Au dessert, le président se leva et prit la parole en ces termes :

« MON RÉVÉREND PÈRE,

» MESSIEURS,

» Guillaume de Lamoignon, dont je vous ai dit un mot dans une de nos séances du mardi, comme le roi l'avait envoyé présider les états de Bretagne, écrivait : « Dans cette charge, il y a deux choses à faire, pour lesquelles je suis également inhabile : l'une qui est de prononcer une grande harangue, et l'autre qu'on dit encore plus essentielle, c'est de bien boire. »

» O Lamoignon, prenez en pitié le président de la conférence Saint-Louis-de-Gonzague, car il est dans un cas semblable au vôtre.

» Cependant, ayant été troupier, ce que n'avait jamais été le premier Président de Lamoignon, je me propose d'accomplir le mieux possible la seconde chose, d'autant que c'est la plus essentielle.

» Aussi vais-je boire à la santé d'une longue liste de personnes. Si j'oublie quelqu'un, un ami charitable voudra bien compléter.

» Je lève mon verre au Révérend Père R..., propriétaire du vin, de la table, de la campagne, et dont c'est la fête, et dont nous admirons surtout la bonté, la sollicitude et la sûreté de conseils.

» *Un ban.*

» En second lieu, au Révérend Père A ..., dispensateur généreux des largesses du précédent, et qui dirige notre petite république (!) avec quel tact, quelle distinction, quelle discrétion, vous le savez !... avec quel amour, quelle amabilité, quel dévouement, vos cœurs vous le disent !

» *Un ban.*

» Puis je bois à chacun des groupes suivants, à leur accord parfait, à leur fusion complète pour le plus grand bien de la chose publique. »

Suit une assez longue et très spirituelle énumération.

« Je bois à l'union, à la fusion, à la cordialité parfaite entre tous ces groupes, dans une intimité dont la source est la Sainte Table. Telle source ne peut mentir : c'est le secret du bonheur.

» Après avoir bu ainsi à pas mal de monde, il me resterait l'autre partie de ma tâche : faire une grande harangue.

» Mais d'abord j'en ai tant fait de petites dans maintes circonstances, que je ne pourrais guère vous servir que du réchauffé. — En second lieu, la harangue est depuis longtemps au rancart. — Et puis j'ai été embarrassé quant au choix du sujet.

» J'aurais pu développer l'une des trois propositions suivantes :

» Ou bien : De ce que le jeune homme chrétien doit être sans peur et sans reproche ;

» Ou bien : De ce que la foi sans les œuvres est une foi morte ;

» Ou bien : de la cordialité comme vie des sociétés, et particulièrement de la nôtre.

» Mais je me suis décidé à ne traiter aucun de ces sujets ; d'ailleurs vous êtes tous nourris de leur substantifique moelle.

» Aussi, je vous demande de me dispenser de la harangue ; elle sera avantageusement remplacée dans quelques instants par plusieurs sonnets de notre chœur de poètes, par d'autres toasts qui suivront le mien, et par les paroles que le Révérend Père A..., je l'espère, voudra bien nous adresser. »

Le nombre de lettres laissées par Joseph Sépet n'est pas très considérable. Il n'écrivait guère qu'à ses amis, et, habituellement, ses amis vivaient à Aix avec lui. En feuilletant ces chères pages, on regrette qu'elles ne soient pas plus nombreuses, car elles sont bien vivantes. Joseph écrivait sans apprêt :

le mot, l'image, le trait, tout était spontané sous sa plume.

Il a le sentiment artistique, sans recherche et sans mignardise. Il est portraitiste sans s'en douter, et, par plus d'un point cousine avec Louis Veuillot, l'épistolier incomparable. On goûtera le récit suivant, écrit au galop de la plume et de l'amitié :

« On m'avait parlé d'un bas-relief magnifique, exécuté sur les fonts baptismaux de l'église de Venelle par le sculpteur Chabaud, dont c'est le pays natal. Samedi matin, de cinq à sept heures, j'ai franchi les dix kilomètres qui nous séparent de Venelle. La bonne du curé m'a introduit dans l'église. L'œuvre est vraiment belle et grande. Le sujet est le baptême de Clovis. Les personnages : saint Remy, Clovis, Clotilde, un ange, sont de grandeur nature. Les traits de saint Remy sont ceux de Mgr Gouthe-Soulard auquel on a ajouté une belle barbe. — Après avoir admiré cette œuvre, je demande quand il y aura une messe. On me répond dans un quart d'heure. J'ai utilisé ce quart d'heure à regarder l'horizon superbe qu'on découvre de Venelle, perché sur une colline, à 411 mètres d'altitude. Beau coup d'œil sur la vallée de la Durance.

» Rentré dans l'église, je vois le prêtre s'avancer seul vers l'autel, tandis que la mère du curé et sa domestique, toute l'assistance avec moi, s'apprêtent à répondre, de dehors le sanctuaire. Je me débarrasse de mes jumelles en bandoulière, et je sers la messe sans livre, bien que l'on m'en offre un pour les réponses.

» En rentrant à la sacristie, le curé me fait des fêtes, voulant que je déjeune avec lui. Mais je n'ai accepté qu'un peu de vin blanc. Nous avons alors passé dans son salon, où il a une belle bibliothèque. Très aimable et tant soit peu lettré, ce curé ; physique agréable. En entrant, je vois sur sa table, une collection du journal *Le Monde*. Je lui demande s'il ne se souvient pas y avoir lu des articles du « cousin Marius ». — « Oh ! souvent : l'auteur de *Jeanne d'Arc* ? Je l'ai là. » — Et aussi les ouvrages sur la Révolution ? — « Je crois bien » — Ah ! coquin ! ! pays de connaissance. Je lui ai dit, en deux mots, qui j'étais. Et c'est alors que la conversation étant tombée sur la loi d'abonnement, il m'a signalé la lettre de Mgr d'Hulst qu'il m'a lue, et les réponses de Veuillot et du *Monde*. — Il voulait me retenir à dîner, se disant enchanté de ma visite, telle qu'il en a rarement sur son perchoir... »

La lettre se termine par un badinage :

« Très bien pour t'être rasé tout seul. Voilà une chose pratique, et que j'approuve bien autrement que la lecture des livres de l'abbé B... Moi, je suis en voie de savoir faire. Mais ma barbe n'est pas encore comme la tienne une haute futaie, aménagée et mise en coupes réglées. »

L'éloquence de Joseph Sépet était jeune et vibrante, il avait de belles envolées. Il prononça, un jour, un discours sur Jeanne d'Arc, tout frissonnant d'enthousiasme. Faisant ressortir la pitié qui était au cœur de Jeanne, il a un superbe retour sur la pitié qui doit remplir le cœur de la jeunesse pour les misères du peuple de France. — Une autre fois, parlant de la question sociale, il s'empare d'une tirade éloquente du comte de Mun, et en fait jaillir des éclairs. — Il avait aussi la note délicate, et l'émotion discrètement contenue.

A propos de « Mireille », dans une séance de l'Académie Saint-Louis-de-Gonzague, il fait un délicieux éloge de la Provence, le pays des belles légendes, qui a inspiré au poète de Maillane ses immortelles strophes. En même temps, il lisait de sa voix chaude, avec un pur accent provençal, les rimes harmonieuses : « *Chantez, chantez, Magnanarelles !* » et le chant populaire de « *Magali* », et l'épisode final, si triste et si beau : Mireille au tombeau des Saintes-Maries.

Enfin, Sépet avait un don spécial, très rare chez les jeunes orateurs, qui abordent la lutte après s'être exercés dans le champ-clos de l'académie ou de la conférence : le don de parler au peuple, et de s'en faire écouter. Il était né conférencier populaire, improvisateur des foules ; il avait la comparaison vivante, l'argument de bon sens, le style franc et spirituel. Il savait trouver les formules heureuses : celles qui vivent et font la fortune de certains tribuns.

Une fois par mois, il faisait une conférence aux élèves de l'Ecole Jeanne-d'Arc et à leurs parents. Le sujet est toujours approprié à l'auditoire (1). La conférence était soigneusement préparée d'avance, et écrite dans ses grandes lignes. Il improvisait la forme, avec un rare bonheur.

Un jour, il prend corps à corps cette objection populaire si répandue : « Les prêtres font leur métier », et avec une suite de comparaisons et d'expressions familières, s'élève à une véritable éloquence :

« Ceux qui répètent cette calomnie songent-ils à l'énormité de la sottise qu'ils disent, et à ce

(1) C'est ainsi qu'il traita : Du Ministère des Prêtres, de l'Inquisition, de Jeanne d'Arc, etc...

qu'elle contient d'injurieux ? Alors, les prêtres sont des imposteurs et des charlatans ! Charlatans, les prêtres, quand ils vous disent de vous confesser et de communier ! Charlatans, les frères de Jean-Baptiste de la Salle, lorsqu'ils vous exhortent à prier Dieu, la Vierge et les Saints ! Comédiennes, ces religieuses qui disent leur chapelet et baisent leur crucifix ! Et moi aussi qui viens vous dire les mêmes choses et vous exhorter aux mêmes pratiques : charlatan ! comédien !

» Et vous aussi, enfants qui aimez le bon Dieu : charlatans ! graine de comédiens ! Allons plus loin, — et cependant, ce que je vais dire est tellement énorme, que je me trouble et que j'hésite — charlatan ! comédien ! Jésus-Christ mort sur la croix, pour vous racheter !

« Les prêtres font leur métier »... Mais quand on fait de ses fonctions un métier, on n'y regarde pas de si près, on le bâcle au plus vite, on s'en dispense le plus qu'on peut, on trouve qu'on en fait toujours assez. N'est-ce pas le contraire pour les prêtres ? N'êtes-vous pas les premiers à vous plaindre que les sermons sont trop longs, qu'il y a trop d'offices, de catéchismes, de confessions ? Quel intérêt ont-ils à vous confesser, à reprendre vos vices, à vous catéchiser, à nourrir les pauvres ?... C'est donc le seul désir de sauver des âmes qui les pousse à entreprendre tant d'œuvres, et à s'imposer des travaux pénibles... Ils ne font pas fortune, on ne les voit pas aller en grand équipage, jamais ils ne se retirent millionnaires.

» Eh bien ! oui ! si vous voulez, le prêtre fait son métier, — noble métier ! Il passe en faisant le bien. Il est l'homme de tous ; son cœur, son temps, sa santé, ses soins, sa bourse, sa vie appartiennent à tous, surtout aux pauvres, aux abandonnés, à ceux qui pleurent et qui n'ont plus d'ami. Il n'attend rien en échange de ce dévouement ; le plus souvent, il ne reçoit que des insultes.

» Sur le champ de bataille, il risque sa vie, pour porter aux âmes le réconfort de la religion : il fait son métier. A Fourmies, un préfet juif fait fusiller la foule ; sur l'espace, entre les balles et le peuple, un prêtre s'élance pour arrêter l'effusion du sang : il fait son métier !

» Et vous, qui le calomniez maintenant, le prêtre, vous serez bien aise de l'avoir à votre lit de mort, pour qu'il fasse son métier, et vous ouvre le ciel.

» Mes amis, quand on vous dira : le prêtre fait un métier, répondez : « Beau, grand, sublime et saint métier, qui n'est plus un métier mais une mission, un apostolat divin. Ils sont les sauveurs de ceux-là mêmes qui les dénigrent, et qui, eux, en les calomniant, font une vilaine besogne. — Métier qui n'enrichit pas et que vous ne voudriez pas faire, parceque c'est le métier de l'humilité, du dévouement obscur, du sacrifice et quelquefois du martyre ! »

Nous avons fait allusion déjà, à la part prise par Joseph Sépet, avec quelques-uns de ses camarades, à la campagne électorale menée dans le Var, en mai 1897, par le candidat catholique, M. de Castellane. C'est là qu'il eut particulièrement l'occasion d'exercer son activité et ses dons d'orateur populaire. Le jour, on faisait des réunions électorales dans les villages. La nuit, on improvisait à la hâte les articles du journal, qui s'imprimait de suite et partait avec la bicyclette, à l'aube. Joseph, pour l'article de fond, avait de véritables trouvailles. — Telle sa définition du socialisme : « Bouteille d'apothicaire », article imprimé ainsi dans le feu du combat :

» Le père Finaud souriait doucement et nous regardait d'un œil malin, (le père Finaud est un homme sage et prudent, qui a toujours bien mené ses affaires, et, quand on veut un conseil, c'est à lui qu'on va le demander). « Père Finaud, dis-je, vous qui savez beaucoup de choses, pourriez vous me dire ce que c'est que le socialisme, *en quoi consiste le socialisme ?* » — « Ah ! mon ami, dit-il, tu es curieux et tu fais bien. Vois-tu, avant de combattre pour ou contre une chose, il faut savoir ce que c'est. En quoi consiste le socialisme ? En voici la formule : *Agiter le peuple avant de s'en servir !* — Oui, c'est comme la bouteille du pharmacien, sur laquelle on écrit : agiter avant de s'en servir. » — Je sursautai. — « Tu l'agites, ça se trouble... et, alors, tu prends tout. » « Ainsi font les socialistes. Ils agitent, ça se trouble, et... dans l'eau trouble... on pêche. Seulement, quand dans la bouteille du pharmacien tu as agité, troublé, et pris, il te reste la *bouteille vide*, et rien de plus, sinon un peu de santé... quand parfois elle est revenue.

Ton argent a passé chez le pharmacien ; c'est son droit, il t'a vendu les remèdes.

» C'est bien autre chose pour les socialistes... »

Le comte de Castellane réunit une belle minorité. Il aurait sans doute passé, si tous les conservateurs lui avaient donné leurs voix. Il garda bon souvenir de ses jeunes et dévoués lieutenants.

VII

ESPÉRANCES BRISÉES — LE CIEL

Au mois de juillet, Joseph avait enlevé brillamment son second examen de doctorat. A ce moment, tout lui souriait dans la vie, comme tout en lui souriait à la vie. Il entrevoyait un avenir plein de promesses. Il y touchait déjà. Sa place était marquée au barreau parmi les premiers, et il n'avait plus à se préoccuper des soucis matériels de l'existence. En marchant au succès, il marchait sinon à la fortune (il ne l'ambitionnait pas), du moins à une large et noble aisance. Quoique bien jeune il était entouré de respect, et comptait parmi les chefs futurs de l'armée catholique. Enfin le cœur lui aussi, parmi tant de biens et d'espérances, le cœur avait sa part. Outre la joie de faire à sa mère une existence heureuse, Joseph se laissait déjà bercer à la douce vision d'une union bénie de Dieu.

C'est dans ce ciel sans nuages que la foudre éclate. Dieu semble n'avoir tant donné à cette jeunesse d'élite, que pour lui reprendre tout au moment d'en jouir. O profondeur des desseins de la miséricorde divine, nous n'essayons point de vous pénétrer ! Il nous suffit de savoir qu'en échange de biens périssables, vous avez donné à celui que nous pleurons les biens qui ne passent pas.

La robuste constitution de Joseph Sépet paraissait défier toute inquiétude. M. Marius Sepet, son cousin, lui rendant compte un jour des santés de son entourage, terminait ainsi sa lettre : « Dieu merci ! Je vous sais bien doué à cet égard. » La légère fatigue qu'accusaient parfois ses yeux, après un labeur plus obstiné, semblait plutôt une occasion que Dieu lui envoyait de pratiquer la patience, et ce petit grain de poussière qu'il faut dans toute vie humaine, pour qu'elle ne soit pas trop heureuse.

Cependant, au mois d'août, après un travail acharné, Joseph éprouva un besoin intense de repos. Il écrivit alors à Charles A...., son cher compagnon aux excursions d'antan, dont il avait déjà goûté l'hospitalité, à la Malière, dans le Var.

« Le 6 août 1898.

» Mon Cher Ami,

» J'ai beaucoup tardé à vous répondre. C'est que j'examinais la possibilité d'accepter l'invitation que vous me faisiez, d'aller passer quelques jours à la Malière : vous revoir d'abord, ainsi que vos hospitaliers parents; et ensuite les belles châtaigneraies.

» Vous me disiez être très occupé à ce moment (commencement de juillet), mais devoir l'être moins ensuite. Ma visite actuellement ne vous dérangerait-elle pas? D'ailleurs, je n'ai pas la prétention de courir à droite et à gauche, ce qui vous obligerait au rôle de cicérone. Je ne suis plus d'humeur si excursionniste qu'autrefois; je suis beaucoup plus sédentaire. Je voudrais seulement me reposer un peu à la campagne, en compagnie d'un de mes meilleurs amis; jouir du *far niente*, regarder les arbres et l'eau, faire quelques ablutions dans le petit ruisseau tout proche de votre habitation, m'étendre à l'ombre dans la pièce de châtaigniers qui est en face, et songer toute la journée. Si vos occupations vous retiennent, vous ne vous occuperez pas de moi.

» Bien franchement j'ai besoin de ce régime, car le travail de l'examen, les soucis d'avenir, et l'atmosphère du Palais, où je suis retenu encore lundi prochain à la première chambre, m'ont fatigué. »

Charles A... répondit à cette lettre en pressant son ami de venir. Ils passeraient ensemble quelques jours de repos, de bon air, de franche amitié ; ce qui serait profitable à tous deux.

Le vendredi 12 août, ayant fait la sainte communion, Joseph Sépet quittait la ville d'Aix. Après avoir touché barre à Marseille, il en repartait pour Bandol, où il comptait passer deux ou trois jours au plus, en compagnie d'une tante et d'un jeune cousin, qui s'y trouvaient en villégiature. De là, il se rendrait chez son ami. Dans une lettre du 10 août, que nous avons sous les yeux, il trace à ce dernier son itinéraire, avec la précision qu'il mettait à toute chose. Il marquait le point terminus à Collobrières. Déjà le Seigneur lui avait marqué un autre terme, plus rapproché. Une fois de plus allait se vérifier la parole de l'Evangile : « Soyez prêts, car je viendrai à l'improviste, comme un voleur. » Laissons un des meilleurs camarades de Sépet, familier de Sanary, nous décrire le joli coin de plage où va se dérouler le tragique accident.

« La baie de Bandol — dont la plus grande partie appartient en réalité à la commune de Sanary — est une des plus gracieuses du littoral provençal. On la voit se dérouler du chemin de fer, qui longe la mer à mi-côte pendant un ou deux kilomètres. A ce point, on découvre très bien le village de Bandol, adossé à de petites collines d'abord couvertes de pins, qui deviennent ensuite désertes, passent enfin au ton rouge brique et se repeuplent d'oliviers, conservant bien le caractère « roustidou » de notre sol brûlé. Plus loin s'estompent, dans une demi-brume, les montagnes bleutées de la Sainte-Baume, que l'on devine plutôt. Continuant le pourtour de la baie, se dressent de gros mamelons mi-rocheux, mi-boisés, ordinairement déserts, qui vont passer derrière Sanary et commencent la chaîne de Toulon. En face, enfin, s'étend la grande mer bleue, clapotante doucement au pied des falaises et resplendissante. Elle s'avance entre les deux caps rocheux dominés par des batteries, et se confondant à l'horizon avec le ciel sous un soleil de feu.

« Le vendredi soir, Joseph parcourait, avec son jeune parent, cette plage que la mer venait caresser. Il ramassa quelques brins d'immortelles, et deux ou trois coquillages. retrouvés plus tard dans sa valise. Peut-être poussa-t-il sa promenade jusqu'à cette petite crique de l' « Olivastre », située à deux kilomètres de Bandol, et est-ce alors que, séduit à la fois par la grâce et la solitude du lieu, il se promit d'y revenir le lendemain.

« Le samedi 13 août, il assistait à la messe de sept heures, dans l'église paroissiale, et y communiait. Les personnes présentes remarquèrent ce jeune homme, qui s'avançait gravement à la Sainte-Table. Joseph tenait la résolution de sa dernière retraite : *commu-*

nion quotidienne. Plein de vie et de force, à ce moment-là, comment se serait-il douté qu'il recevait son Viatique? Mais Jésus, Lui, le savait? Que dit-il à cet enfant, tout près de venir à Lui? Quelles effusions du Cœur du Bon Maître firent tressaillir ce cœur? « Mon fils bien-aimé! » écrit madame Sépet, « Jésus ne l'a pas laissé tomber en défaillance, sur le chemin... » Quelle leçon, aussi! A quoi sert la communion fréquente? demande-t-on. — A être toujours prêt à mourir. Comme Joseph doit se féliciter maintenant, d'avoir pris sa résolution et de l'avoir tenue!

« Dans la matinée, un livre sous le bras, il se dirigea seul vers la plage. On ne le revit plus. C'est grâce à la découverte de son corps, et aux constatations médicales, qu'on a pu reconstituer le drame, qui se déroula sans témoins : la congestion le saisissant, comme il entrait dans l'eau pour prendre son bain, et le couchant inanimé dans la mer; les vagues l'entraînant et le berçant au large ; cette tragédie de mort, dans ce cadre, sous ce ciel, au milieu de cette lumière... Quels sont les desseins de Dieu ?

« Les vêtements furent recueillis sur le rivage, par deux personnes de Sanary, le 14 août, à deux heures du soir. A la chaîne de montre était fixée la médaille de l'Association catholique de la jeunesse française, portant d'un côté saint Louis, avec ces mots : « Je suis le bon sergent de Jésus-Christ » ; de l'autre, la croix de Constantin, et cette devise : « *In hoc signo vinces !* » Ce n'est que le 15 août, vers cinq heures du matin, quand les cloches sonnaient l'Assomption, que deux pêcheurs d'Ollioules trouvèrent le corps, à quelques mètres du rivage, non loin d'un petit rocher, où se dresse une chapelle à N.-D. de Pitié. « Oh ! » se sont-ils écriés, « le beau corps de jeune homme ! » Et, peu après, s'adressant à l'adjoint accouru, l'un des deux dit : « Celui-là est mort bien *innocentement !* » Joseph avait son scapulaire.

« A cet endroit, la mer est peu profonde, et fort calme. Le corps surnageait, la face regardant le fond de l'eau ; les deux bras étaient pendants et touchaient les pierres. Une paupière, ainsi qu'une partie des lèvres avaient été entamées par les crabes. Dans la matinée qui suivit, eut lieu la visite médicale, faite par un médecin de Sanary, qui déclara que l'infortuné était mort avant d'avoir bu, succombant à une congestion foudroyante. Son visage était très coloré.

A deux heures, l'adjoint et le garde de Sanary, avec les gendarmes d'Ollioules, transportèrent le corps au dépositoire de Sanary. Il fut mis en bière le lendemain à quatre heures. « A la mairie, écrit une personne amie à madame Sépet, lorsqu'on vit les papiers que contenaient les poches des vêtements, on comprit la valeur de votre regretté fils, et on entoura sa dépouille d'un grand respect. M. le curé de Sanary avait projeté de faire des funérailles solennelles, sans aucun frais pour la famille, voulant honorer la mémoire du pieux jeune homme. Le temps manqua. Il dut se contenter d'une absoute où se rendirent, avec la maîtrise, les trois membres du clergé. Les cloches sonnèrent le glas, tandis qu'on accompagnait le corps à la gare où les dernières prières furent dites. »

Le correspondant cité plus haut ajoute quelques détails, qui complètent ceux-ci : « Sépet dut quitter la route pour s'éloigner complètement du passage, et se retirer dans un endroit isolé où se trouve une cabane de douaniers, bâtie rustiquement et mal couverte de briques rouges. Non loin, s'élèvent quelques roseaux, continuellement balancés par le vent, qui entourent un pittoresque moulin bleu en ruines. Plus loin encore, en suivant la mer, sont quelques pins, poussant on ne sait comment, au milieu des rochers formant le fond extrême de la baie. On n'aperçoit même de là qu'un bout de la haute mer, et il ne vient dans ces parages que de rares barques, tirant leurs bordées par les gros vents d'est. C'est sur les algues blanches, à l'abri de la cabane des douaniers, que Sépet se déshabilla ; c'est dans cette même cabane qu'on transporta d'abord, le surlendemain, son corps trouvé à une quinzaine de mètres de là. » Les restes de Joseph Sépet furent ramenés à Aix, où les obsèques ont eu lieu, le mercredi 17 août, à l'église de la Madeleine.

« Il n'y avait presque pas de parents, dit la *Semaine religieuse d'Aix*, dans le cortège qui accompagnait le corps de Joseph Sépet. Il n'y avait que des amis : les avocats et les magistrats dont quelque dernière affaire avait retardé le départ ; un groupe de religieux dont Sépet fut l'élève et dont il resta l'ami familier de tous les jours ; son autre famille, les membres aixois de la Jeunesse catholique française ; puis tous ceux qui, ayant rencontré ce jeune homme au palais ou dans les œuvres charitables, l'avaient estimé et l'avaient aimé. Et rarement pareille unanimité réunit tant de personnes diverses, dans la sincérité et la vivacité d'un même regret. Sans doute, l'imprévu de cette fin tragique donnait quelque chose de plus poignant à cette commune douleur ; mais, avant tout, on déplorait, pour notre ville et pour la cause catholique, la perte d'un avenir plein de promesses. »

Il faudrait peindre ici la douleur d'une mère, qui avait mis en ce fils unique toute sa richesse, toute sa joie, tout son orgueil. D'une mère, qui n'avait jamais rencontré dans le meilleur des fils que respect, soumission, tendresse empressée. D'une mère, qui avait vu partir son enfant cinq jours auparavant, plein de force, de gaîté, d'heureuse impatience d'aller respirer à la campagne, et qui, après avoir appris en coup de foudre la mort de ce fils bien-aimé, n'avait pas même eu la consolation de contempler une dernière fois ses traits, de mettre un dernier baiser sur son front. Voilà ce qu'il faudrait essayer de peindre : un cœur si brisé, tant de larmes qui ne peuvent couler, un tel engloutissement de telles espérances. Mais la plume retrace-t-elle de semblables douleurs ? Que peut ici la parole humaine ? Il n'y a d'éloquent que le silence, ce long silence plein de choses qu'on a en présence des mères inconsolables, ce silence respectueux et ému, qui s'établissait à Aix sur le passage de cette mère si enviée peut-être la veille, et maintenant objet de tant de compassion. Le silence et aussi la prière. O mère, nous prions avec vous et pour vous. Que Jésus, le Prince des consolations infinies, le Maître des divins réconforts, que Jésus vous aide à porter la croix, qu'il se fasse votre soutien, remplaçant le fils disparu, sur votre route désormais solitaire !

. . . .

Mon cher Joseph, voici que j'achève ces pages, sans avoir dit combien je vous aimais, sans avoir évoqué ces heures où nos âmes communiquaient si librement, où vous me laissiez voir tout ce qu'il y avait en vous de dévouement profond, de foi généreuse, de nobles et féconds sacrifices. Je vous ai connu petit élève studieux et espiègle sur les bancs du collège Saint-Joseph. Je vous ai revu après votre philosophie, à cette heure attendrissante où le jeune homme regarde le ciel et oriente sa vie. Je vous ai retrouvé dans toute l'expansion de vos vingt ans, charmant encore, parce que vous étiez pur, ferme déjà et maître de vos actes, comme un sage et un fort de la vie. C'est alors surtout qu'il m'a été donné de connaître combien vous étiez bon, de quels trésors Dieu avait enrichi votre âme. Vous savez, — car voici que je vous parle et que vous m'entendez du ciel, comme lorsque vous étiez près de moi, ma main dans la vôtre, — vous savez quels rêves je formais pour vous, quel apostolat je vous traçais, quels succès et quelles gloires j'escomptais déjà pour votre maturité. Cette vie. qui s'offrait à vous si belle dans ses labeurs, si intense et, semblait-il, si longue, Dieu vous l'a retirée par un coup foudroyant dont notre raison fut d'abord déconcertée ; ce bien que vous vous proposiez d'accomplir, et pour lequel vous étiez si admirablement préparé, qui l'accomplira ? Qui consolera votre mère et soutiendra sa vieillesse ? Qui vous remplacera auprès d'amis désormais sans appui ? Qui élèvera la voix, comme vous l'eussiez fait, pour la défense de la vérité et de la justice ? A quoi bon tant de promesses, si elles devaient se faner en leur fleur ? Dieu a-t-il voulu nous montrer qu'il n'a besoin de personne pour défendre sa cause? A-t-il voulu, par un tel exemple, graver en nous la fragilité de toutes choses? Je m'arrête à une autre pensée, qui me paraît plus consolante et infiniment belle. Dieu a besoin, pour orner le ciel et le contempler lui-même, de jeunes gens généreux et purs. Une gloire manquerait au cortège des élus, s'il n'y avait pas parmi eux ce rare spectacle de toutes les grâces et de toutes les vertus réunies sur un seul front, de l'intégrité dans la force, de la virilité unie à la virginité. Et c'est pour cela que vous avez été choisi, parce que vous portiez en vous toutes les grâces du printemps et toutes les promesses de la saison des ruits. Pourquoi douter, hommes de peu de foi que nous sommes? Quand Dieu cueille ainsi une tige en fleurs, il en compense les promesses; il se fait le soutien de ceux qui demeurent en l'exil; il suscite d'autres défenseurs de la justice et du droit. Dans nos larmes il faut bénir Dieu. C'est la leçon suprême, mon cher Joseph, que vous nous donnez du ciel. Nos espérances ne sont point brisées, elles sont élevées plus haut que la terre !

FIN

TABLE DES MATIÈRES

Préface vii

I. L'Enfant 9
II. L'Étudiant 23
III. Le Chrétien 45
IV. Le Soldat 61
V. Le Jeune Homme d'Œuvres 79
VI. L'Écrivain. — L'Orateur. 99
VII. Espérances brisées. — Le Ciel 121

ÉMILE COLIN, IMPRIMERIE DE LAGNY (S.-ET-M.)

LA LOI DE CAÏN

Par SETH

Un volume in-18 jésus. . . . **1 fr. 50**

Voici un livre prophétique : prophète de malheur, mais aussi de vérité, hélas ! si s'accomplit le nouvel attentat contre nos libertés. **La Loi de Caïn,** — on l'a deviné — est celle qui, sous le masque de *stage scolaire*, veut arracher les âmes des jeunes croyants à la direction de leurs parents pour essayer de leur ravir la foi.

L'auteur suppose la loi perpétrée et nous transporte au lendemain du vote, dans ce douloureux et menaçant avenir. Un gracieux et brillant adolescent, fils aîné d'une chrétienne famille, se voit forcé d'entrer interne au lycée, afin d'être admis à concourir pour l'Ecole Polytechnique. Périlleuse épreuve que celle-là! et à laquelle ne résisteront pleinement que les caractères fortement trempés. Malheureusement, ce n'est pas ici le cas. L'énergie du jeune homme n'est pas proportionnée à son intelligence. Après des scènes tristement vécues dans leur poignante sincérité, on le voit peu à peu perdre sa foi, sa vertu; puis s'éloigner des siens dont les croyances et la vie lui deviennent un reproche; enfin mourir prématurément de la plus triste des morts.

Tel est le plan, bien simple assurément; mais l'exécution le transforme. Quelle finesse d'analyse psychologique dans les descriptions de ce caractère ondoyant, qui cède et se reprend tour à tour, jusqu'à l'abandon final et l'endurcissement. A côté de lui, apparaît une délicieuse figure de mère, douce et douloureuse comme une Vierge de Carlo Dolci, dont le cœur est brisé par la ruine morale de son enfant et dont la raison chancelle sous l'impression de sa fin tragique. Il faut lire, surtout, le chapitre intitulé « Pauvre mère ! » Il est écrit avec des larmes et en fera sans doute couler plus d'une. Espérons qu'il inspirera aux mères chrétiennes la résolution indomptable de lutter avec l'énergie de l'amour, afin d'empêcher ou de faire rapporter la loi maudite qui s'en prend à l'âme de leurs enfants.

ÉMILE COLIN, IMPRIMERIE DE LAGNY (S.-ET-M.

www.ingramcontent.com/pod-product-compliance
Ingram Content Group UK Ltd.
Pitfield, Milton Keynes, MK11 3LW, UK
UKHW020306180726
13839UKWH00001B/383

9 782329 457437